아파치 카프카 쿡북

아파치 카프카 쿡북

레시피로 살펴보는
기업용 분산 메시징 시스템의
실시간 데이터 처리 활용법

라울 에스트라다 지음

최 준 옮김

Packt> i!i 에이콘

요리책을 사랑하시는 어머니께 이 책을 바칩니다.

지은이 소개

라울 에스트라다^{Raul Estrada}

1996년부터 프로그래머로 활동했고 2001년부터는 자바 개발자로 활동했다. 스칼라^{Scala}, 엘릭서^{Elixir}, 클로저^{Clojure}, 하스켈^{Haskell} 같은 함수형 언어와 컴퓨터 과학과 관련된 모든 주제를 좋아한다. 14년이 넘는 고가용성 및 기업용 소프트웨어 경력을 갖고 2003년부터 아키텍처를 설계하고 구현해왔다. 특히 시스템 통합에 전문성을 갖추고 금융권 프로젝트에 주로 참여했다. BEA 시스템과 오라클에 대한 기업용 솔루션 아키텍터지만 모바일 프로그래밍과 게임 개발 역시 즐긴다. 자신을 아키텍터, 엔지니어 또는 개발자보다는 프로그래머라고 여긴다. 공개 소프트웨어를 응원하며, 새로운 기술과 프레임워크, 언어, 방법론 실험을 즐긴다.

편집자인 셰릴 드사(Cheryl Dsa)와 디네쉬 파와(Dinesh Pawa)에게 감사의 말을 전하고 싶다. 그분들의 노력과 인내심이 없었다면 이 책을 쓰는 것은 불가능했다. 또한 처음부터 이 프로젝트를 믿어준, 편집자인 바르샤 쉐티(Varsha Shetty)에게 감사한다.

마지막으로 아파치 카프카 같은 오픈 소스 프로젝트에 익명으로, 또는 아무런 대가 없이 기여해준 모든 영웅에게 감사의 뜻을 전하고 싶다. 여기서 다루게 될 커넥터를 제작한 분들과 특히 컨플루언트(Confluent Inc.) 사의 직원들에게 경의를 표한다.

| 기술 감수자 소개 |

산딥 쿠라나 Sandeep Khurana

빅데이터와 분석 부문의 초기 제안자로, 하둡의 기원인 야후에서 경력을 쌓기 시작했다. IBM 소프트웨어 랩, 오라클, 야후, 노키아, VM웨어 등의 업계를 선도하는 그룹에서 일했고, 스타트업에서 페타바이트petabyte 규모의 빅데이터 처리 시스템 설계와 제작에 중요한 역할을 했다. 맵리듀스MapReduce, 스파크Spark, Pig, Hive, 주키퍼ZooKeeper, 플룸flume, Oozie, HBase 같은 빅데이터 기술을 코딩하기 위한 모든 기술을 갖췄다. 21년 동안의 풍부한 경험을 바탕으로, 가장 복잡하고 심각한 구조적 문제를 가장 단순하고 효과적인 방법으로 해결하는 독특함을 갖고 있다. 빅데이터 분야에 뛰어들기 전에, 자바/JEE 기반의 기술과 스프링, 하이버네이트Hibernate, JPA, EJB, 보안, 스트럿츠Struts 같은 프레임워크를 모든 측면에서 다뤘다. 현재 관심을 갖는 분야는 OAuth2, OIDC, 마이크로 서비스 프레임워크, 인공지능, 머신 러닝 등이다. 링크드인(/skhurana333)에서 활발하게 기술 토론 활동을 하고 있다.

브라이언 가트 Brian Gatt

몰타 대학교University of Malta에서 컴퓨터 과학과 인공지능 학사 과정을 수료하고, 런던 골드스미스 대학교Goldsmiths University of London에서 컴퓨터 게임과 엔터테인먼트 분야 박사 학위를 받았다. 여가 시간에는 특히 C++ 프로그래밍과 게임 개발 기술을 포함한 최신 프로그래밍 따라하기를 즐긴다.

| 옮긴이 소개 |

최준(fullsocrates@hotmail.com)

기계공학을 전공했던 학창시절, 당시에 누구에게나 매력 덩어리였던 컴퓨터로 기계장비의 데이터를 처리하고 제어하기 위한 과정을 통해서 정보기술 분야에 뛰어들었다. 졸업후 한동안 대기업 전산실에서 근무하다가, 답답한 공간을 벗어나 새로운 도전을 꿈꾸며 다행히 외국어가 익숙해질 수밖에 없는 회사에 입사해서 엔지니어 경력을 시작했다. 2001년부터 약 10년간 한국마이크로소프트와 마이크로소프트 싱가폴 지사에 근무하면서 아시아 지역 200여개의 대기업에서 기술 지원을 수행했다. 현장에서 다양한 기업용 IT 시스템의 문제를 이해하고 해결 방안을 찾는 소중한 경험을 쌓았다. 현재 캐나다에 컨설팅 회사를 설립해 기업 고객에게 클라우드 서비스 컨설팅을 하고 있다.

| 옮긴이의 말 |

먼저 기업용 메시징 시스템 분야에 경험이 풍부한 독자에게는 카프카를 포함한 다양하고 새로운 기술에 대해 두려움을 갖지 말라는 메시지를 전하고 싶다. 이 책에 등장하는 메시지와 스트림을 처리하기 위한 수많은 기술과 용어는 전혀 새로운 것이 아니다. 기존 용어가 조금씩 사라지고, 변화에 맞게 기존 기술의 새 이름으로 대체된 것이다. 카프카는 약 15년 전부터 있던 메시징 시스템의 개념에 여전히 충실하다.

새로운 도전이라는 긴 여정을 앞두고 있는 독자에게는 책의 어느 한 부분에 얽매이지 말라고 전하고 싶다. 분명 기업용 메시징 시스템은 어려운 주제다. 저자가 더욱 자세히 설명할 수도 있었겠지만, 광범위한 지식을 더 쉽고 자세하게 다루기는 어려웠을 것이다. 예를 들어 객체나 오브젝트를 말하면 다양한 속성을 가진 물건을 떠올리는 사람도 있고, 프로그램을 처음 배운 이는 클래스를 떠올릴 수도 있고, 숙련된 개발자 중에는 직접 만든 라이브러리를 머리에 그릴 수도 있다. 이렇게 사람들은 용어를 각자 다른 형태로 받아들인다. 처음부터 어떤 용어가 실제로 의미하는 모습으로 완벽하게 소화되기는 어렵지만, 여러 번 실습하고 그 결과를 전체적으로 보는 과정에서 추상적인 단어도 결국 설명조차 필요 없는 개념이 된다.

이 책은 번역서다. 원문을 옮기면서 저자가 전달하려는 의미를 그대로 전하는 것은 기본이다. 그러나 모국어가 다른 사람의 언어를 번역하면서 의미를 가장 잘 전달하는 단어를 선정하는 하나의 기준이 더 필요했다. 표준어라도 이해를 더 어렵게 하거나 의미를 바꾸는 것 같으면, 가능한 실제로 사용되는 단어나 의미를 전하기 쉬운 단어를 대신 선택했다.

쏟아져 들어오는 외국어에 대한 한국어 표현 선택은 내 능력의 부족에서 오는 안타까움을 넘어선다. 예를 들어 Supervisor는 슈퍼바이저, 수퍼바이저, 감독, 관리자, 감독자, 감리자, 감시자 등 분야별로 통용되는 여러 용어가 있고, 번역할 단어 하나를 선택할 기준이 되는 일관성과 원칙을 찾기가 점점 어렵다. 이렇게 실제 의미를 알면서도 적당한 우리말 하나를 선택하는 어려움은 각 장마다 반복되었다. 또한 표준 용어라도 이 분야 전문가들이 쓰지 않는 단어보다는 가급적 실제 사용하는 용어를 선택하는 것이 독자에게 도움이 된다고 생각했다. 결과적으로 최선이 아닌 표현을 선택했다면, 이러한 현실도 일부 감안한 독자의 양해를 바란다.

마지막으로 이 책의 번역 과정의 시작부터 끝까지 함께한 에이콘출판사 편집 팀에 먼저 고마움을 전하고 싶다. 아울러 곁에서 늘 응원해주는 아내 은정과 아들 선우, 진우, 그리고 어머니에게 고마움을 전하고 싶다. 번역 작업을 진행했던 캐나다의 긴 겨울은 이런 고마운 사람들과 함께해서 따뜻하고 행복했다.

| 차례 |

9장 모니터링과 보안   241

| 들어가며 |

2011년 이래로 카프카^{Kafka}는 크게 성장해왔다. 포춘^{Fortune}지 선정 500대 기업 중 3분의 1 이상이 아파치 카프카를 사용한다. 여기에는 10대 여행사와 10대 은행 중 7개, 10대 보험사 중 8개, 10대 통신사 중 9개 기업이 포함된다.

링크드인^{LinkedIn}, 우버^{Uber}, 트위터^{Twitter}, 스포티파이^{Spotify}, 페이팔^{Paypal}, 넷플릭스^{Netflix} 등이 아파치 카프카를 사용해 각각 하루에 총 1조 개에 가까운 메시지를 처리한다.

요즘에는 실시간 데이터 스트리밍과 데이터 수집, 또는 실시간 데이터 분석을 위해 아파치 카프카를 사용한다. 다른 한편에서는 시스템을 더욱 견고하게 만들기 위해 마이크로서비스 아키텍처를 구성하는 데 카프카를 사용한다. 또한 이벤트 생성과 처리를 관리하기 위한 **복합 이벤트 처리**$^{CEP, complex\ event\ processing}$와 사물인터넷 자동화 시스템에 사용하기도 한다.

오늘날 스트리밍 분야에서는 전쟁이 벌어지고 있다. 카프카 스트림, 스파크 스트리밍, 아카 스트리밍, 아파치 플링크, 아파치 스톰, 아파치 빔, 아마존 키네시스 등 몇몇의 경쟁자들이 치열한 경쟁 상태에 있다. 여러 평가 요소가 있겠지만 주로 최고의 성능으로 승자가 결정된다.

아파치 카프카를 선택하는 이유로 상당수가 사용하기 쉽다는 점을 든다. 카프카는 배우기도 쉽고 구현하는 방법도 어렵지 않다. 유지보수도 간단하며, 대부분의 경쟁자들과는 달리 기술을 익히는 데 장애물이 되는 변화도 완만하다.

이 책은 실용적이다. 아파치 카프카의 이론적인 구조를 설명하는 데 머무르지 않고 실습에 도움을 주는 데 중점을 두고 있다. 이 책은 요리책^{cookbook}이다. 아파치 카프카로 스트리밍 아키텍처를 구현하면서 만나는 일상적인 문제의 해결책을 실용적인 레시피 형태로 다룬다. 전반부에서는 프로그래밍에 대한 내용을, 후반부에서는 아파치 카프카의 관리에 대한 내용을 다룬다.

▌이 책에서 다루는 내용

1장 카프카 구성하기   아파치 카프카를 시작하기 위한 기초적인 레시피를 설명한다. 카프카의 설치, 설정하고 실행하는 방법을 논의한다. 카프카 브로커broker의 기본 운영 방법도 논의한다.

2장 카프카 클러스터   세 가지 유형의 클러스터 제작 방법을 다룬다. 세 가지 유형은 '단일 노드-단일 브로커 클러스터', '단일 노드-다중 브로커 클러스터', '다중 노드-다중 브로커 클러스터'다.

3장 메시지 검사   엔터프라이즈 서비스 버스ESB, enterprise service bus와 관련된 데이터 유효성의 검증 작업을 다룬다. 입력 메시지 스트림에서 일부 이벤트를 필터링하는 데이터 검증 프로그래밍을 알아본다.

4장 메시지 정보 확장   ESB와 관련한 다음 작업으로 메시지 기능의 확장에 관한 내용을 다룬다. 메시지 기능 확장이란 개별 메시지를 확보하고, 메시지에서 추가 정보를 얻고, 메시지를 메시지 스트림에 포함시키는 것을 의미한다.

5장 컨플루언트 플랫폼   컨플루언트 플랫폼을 사용해 카프카 시스템을 운영하고 모니터하는 방법을 보여준다. 스키마 레지스트리, 카프카 REST 프록시, 카프카 커넥트 사용 방법도 설명한다.

6장 카프카 스트림   메시지 그룹 정보와 카프카 스트림을 사용하는 메시지 모음이나 구성 같은 추가 정보를 얻는 방법을 설명한다.

7장 카프카 관리   카프카 클러스터를 디버깅, 테스트, 운영하는 시스템 관리자의 삶을 편리하게 하도록 카프카 저자가 개발한 명령줄 도구에 대해 이야기한다.

8장 카프카 운영   카프카 클러스터에서 수행할 수 있는 다양한 운영 방법을 설명한다. 여기에서 다루는 도구는 일상적으로 쓰이지 않지만, 데브옵스DevOps 팀이 카프카 클러스터를 관리하는 데 도움을 준다.

9장 모니터링과 보안 다양한 통계적 자료를 어떻게 표시하는지, 그리고 어떻게 그라파이트Graphite나 갱글리아Ganglia 같은 도구를 사용해 모니터할 수 있는지 이야기한다. 또한 보안에 대한 내용을 다루며 SSL 인증, SASL/커버러스 인증, SASL/plain 인증을 구현하는 방법을 알아본다.

10장 써드파티 도구와의 통합 기타 실시간 데이터 처리 도구를 살펴보고 이 도구를 사용한 데이터 처리 파이프라인을 아파치 카프카로 만드는 방법을 이야기한다. 하둡, 플룸, 고블린, 일래스틱, 스파크, 스톰, 솔라Solr, 아카, 카산드라, 미소스, 빔 등의 도구를 다룬다.

▌ 준비 사항

이 책의 독자는 약간의 자바 프로그래밍 경험과 리눅스, 유닉스 운영체제를 사용한 경험이 있어야 한다.

이 책에서 제공하는 레시피를 실행하기 위한 최소 요구 사양은 인텔 코어 i3 프로세서, 4GB RAM, 128GB의 디스크다. 리눅스나 맥OS 사용을 권장하며, 윈도우의 경우 모두 지원하지는 않는다.

▌ 이 책의 대상 독자

소프트웨어 개발, 데이터 설계와 실용적인 카프카 레시피를 찾는 데이터 엔지니어를 위한 책이다.

전반부에서는 프로그래밍을 다루는데 아파치 카프카에 대한 사전지식이 없는 독자들을 위한 소개다. 후반부로 갈수록 난이도가 높아진다.

후반부에서는 기존의 아파치 카프카 시스템을 향상시키거나, 현재 설치된 카프카 구성을 더 잘 관리하려는 독자들을 위한 고급 주제를 다룬다.

▍ 섹션

이 책에서는 몇 가지 제목이 자주 등장한다(준비 사항, 구현방법, 동작 원리, 추가 정보, 참고 자료 등). 레시피를 완료하기 위한 분명한 안내를 하기 위해 다음과 같이 섹션을 사용한다.

준비사항

이 섹션은 레시피에서 기대할 수 있는 내용을 알려주고, 어떻게 소프트웨어나 사전에 설정할 내용을 구성하는지 설명한다.

구현방법

레시피를 수행하기 위해 필요한 단계를 포함한다.

동작원리

이 섹션은 주로 이전 섹션에서 수행된 작업 설명을 자세히 다룬다.

추가정보

독자들이 레시피를 더 깊이 있게 이해할 수 있도록 레시피에 대한 추가 정보를 제공한다.

참고자료

이 섹션은 레시피에 대해 기타 유용한 정보를 이해하는 데 도움이 되는 링크를 제공한다.

▌ 편집 규약

이 책에서는 정보의 종류를 구분하기 위한 여러 가지 편집 규약을 사용했다. 각 사용 사례와 의미는 다음과 같다.

본문의 코드, 데이터베이스 테이블 이름, 폴더 이름, 파일 이름, 파일 확장자, 경로 이름, 임시 URL, 사용자 입력, 트위터는 다음과 같이 표시한다.

"최종적으로 apt-get 업데이트를 실행해 컨플루언트 플랫폼을 설치한다."

프로그램 코드는 다음처럼 표시한다.

```
consumer.interceptor.classes=io.confluent.monitoring.clients.interceptor.
MonitoringConsumerInterceptor
producer.interceptor.classes=io.confluent.monitoring.clients.interceptor.
MonitoringProducerInterceptor
```

명령줄 입력이나 출력은 다음과 같이 표현한다.

```
> bin/kafka-topics.sh --create --zookeeper localhost:2181 --replication-factor 1
--partitions 1 --topic SNSBTopic
```

새로운 용어와 **중요한 단어**는 굵게 표시한다. 메뉴나 대화상자에서 화면에 표시되는 단어는 다음과 같이 굵은 텍스트로 보여준다.

"카프카 커넥트에서 SINKS 버튼을 클릭하고 나서, New sink 버튼을 클릭한다."

 경고나 중요한 노트는 이 아이콘으로 표시한다.

TIP 도움이 될 팁은 이 아이콘으로 표시한다.

▌ 독자 의견

독자의 의견은 언제나 환영한다. 이 책에서 좋았던 부분이나 부족한 점 등 여러분의 생각을 알려주길 바란다. 독자 의견은 책의 품질을 향상시키고, 결국에는 독자들이 많은 것을 얻을 수 있게 되므로 중요하다. 일반적인 의견을 보낼 때는 제목에 책 제목을 적어서 간단하게 feedback@packtpub.com으로 이메일을 보내면 된다. 만약 전문 지식을 갖고 있는 주제가 있거나, 책을 쓰고 기여하는 데 흥미가 있다면 팩트출판사의 저자 안내 페이지 (www.packtpub.com/authors)를 참고하기 바란다.

▌ 고객 지원

팩트출판사의 도서를 구매한 여러분이 구매한 책을 최대한 활용할 수 있도록 도움이 될 만한 여러 가지 방법을 제공한다.

예제 코드 다운로드

이 책의 원서에 수록된 예제 코드 파일은 http://www.packtpub.com에서 로그인한 후 다운로드할 수 있다. 이 책을 다른 곳에서 구입한 경우에는 http://www.packtpub.com/support에서 계정을 등록하면 파일을 이메일로 직접 받을 수 있다.

예제 코드 다운로드 방법은 다음과 같다.

1. 팩트출판사의 웹사이트에서 이메일 주소와 비밀번호로 새 계정을 등록하거나, 계정이 있는 경우 로그인한다.
2. 맨 위에 있는 **SUPPORT** 탭을 클릭한다.
3. **Code Download & Errata**를 클릭한다.
4. 검색 창에 책 제목을 입력한다.
5. 코드 파일을 다운로드할 책을 선택한다.
6. 드롭다운 메뉴에서 책을 구입한 곳을 선택한다.
7. **Code Download**를 클릭한다.

팩트출판사 웹사이트에서 이 책의 웹페이지에서도 **Code Files** 버튼을 클릭해 코드 파일을 다운로드할 수 있다. 이 페이지는 **검색** 창에 책 제목을 입력해 접근할 수 있으며, 팩트출판사 계정으로 로그인이 필요하다. 파일을 다운로드한 이후에는 다음 프로그램의 최신 버전을 사용해 압축을 해제한다.

- 윈도우: WinRAR/7-Zip
- 맥: Zipeg/iZip/UnRarX
- 리눅스 7-Zip/PeaZip

원서의 예제 코드는 깃허브의 https://github.com/PacktPublishing/Apache-Kafka-1-Cookbook에 게시돼 있다. 또한 https://github.com/PacktPublishing/에서는 다양한 도서와 비디오 카탈로그에서 제공하는 다른 코드도 있으니 확인해 보길 바란다. 그리고 한국어판 예제 코드는 에이콘출판사의 도서정보 페이지인 http://www.acornpub.co.kr/book/kafka-cookbook에서 다운로드할 수 있다.

컬러 이미지 다운로드

이 책에서 사용된 그림과 다이어그램을 컬러 이미지로 볼 수 있는 PDF 파일을 제공한다. 이 컬러 이미지는 출력물에서 나타나는 차이점을 이해하는 데 많은 도움이 될 것이다. 이 파일은 https://www.packtpub.com/sites/default/files/downloads/ApacheKafka1 Cookbook_ColorImages.pdf에서 다운로드한다. 또한 에이콘출판사의 도서정보 페이지인 http://www.acornpub.co.kr/book/kafka-cookbook에서 다운로드할 수 있다.

정오표

내용의 정확성을 위해 항상 최선을 다하지만 실수가 발생할 수 있다. 책의 내용이나 제시된 코드에서 오류를 발견하면 알려주기 바란다. 이는 다른 독자들의 혼란을 줄이고, 이 책의 후속 버전 내용을 개선하는 데에도 도움이 될 것이다. 오탈자를 발견하면 http://www.packtpub.com/submit-errata 페이지에 접속해 책 제목을 선택하고, Errata Submission 링크를 클릭해 세부 내용을 입력하면 된다. 보내준 오류 내용이 확인되면 웹사이트에 그 내용을 올리거나, 해당 도서의 정오표 섹션의 목록에 추가된다.

등록된 오탈자는 https://www.packtpub.com/books/content/support에 접속해 검색 창에 책 제목을 입력하면 Errata 섹션에서 확인할 수 있다.

한국어판의 오탈자는 에이콘출판사의 도서정보 페이지 http://www.acornpub.co.kr/book/kafka-cookbook에서도 확인 가능하다.

저작권 침해

인터넷상의 저작권 자료에 대한 불법 복제는 모든 미디어에서 발생하는 문제다. 팩트출판사는 저작권과 라이선스 보호를 매우 중요하게 생각한다. 어떤 형태로든 불법 복제물을 인터넷에서 발견한 경우, 적절하게 조치할 수 있도록 해당 주소나 웹사이트를 즉시 알려주길 바란다.

불법 복제가 의심되는 자료에 대한 링크는 copyright@packtpub.com으로 보내주기를 바란다.

저자를 보호하고 독자에게 귀중한 콘텐츠를 제공할 수 있도록 큰 도움을 주는 여러분께 감사를 전한다.

질문

이 책과 관련된 질문이 있을 경우, questions@packtpub.com으로 보내주면 문제 해결을 위해 최선을 다하겠다. 한국어판에 관한 질문은 이 책의 옮긴이나 에이콘출판사 편집팀(editor@acornpub.co.kr)으로 문의해주길 바란다.

01

카프카 구성하기

1장에서는 다음과 같은 주제를 다룬다.

- 카프카 설치
- 카프카 실행
- 카프카 브로커 설정
- 카프카 토픽 설정
- 메시지 콘솔 프로듀서 생성
- 메시지 콘솔 컨슈머 생성
- 브로커 설정 구성
- 스레드와 성능 구성
- 로그 설정 구성

- 복제 설정 구성
- 주키퍼 설정 구성
- 기타 세부 파라미터 구성

소개

1장에서는 아파치 카프카^{Kafka}를 시작하기 위한 기초 레시피^{recipe}를 설명한다. 카프카의 설치, 설정, 실행 방법을 논의하며, 또한 카프카 브로커^{broker}를 사용한 기본 운영 방법을 다룬다.

카프카는 맥, 리눅스, 심지어 윈도우 같은 여러 운영체제에서 구동이 가능하다. 주로 리눅스 서버로 운영되며, 이 책의 레시피는 리눅스 환경에서 구동되도록 설계됐다. 또한 이 책에서는 배쉬^{bash} 환경을 활용한다.

카프카는 속도와 효율성을 상충시키지 않고, 수평적인 확장이 매우 용이하다.

1장에서는 카프카를 설치, 설정 및 실행하는 방법도 설명한다. 실용적인 레시피를 다루는 책이므로, 카프카의 이론적인 세부사항은 다루지 않는다. 이론은 다음 세 가지 정도면 충분하다.

1. 서로 다른 기종의 애플리케이션을 연결하기 위해, 그들 사이에 메시지를 전송하고 수신하는 형태의 메시지를 게시^{publish}하기 위한 체계를 구현할 필요가 있다. 여기서의 메시지 라우터가 바로 **메시지 브로커**다. 카프카는 신속한 방법으로 컨슈머 간의 메시지 라우팅을 다루는 소프트웨어 솔루션이다.

2. 메시지 브로커는 두 가지 방향성을 갖는다. 하나는 프로듀서를 방해하지 않는 것이고, 다른 하나는 프로듀서와 컨슈머를 구분시키는 것이다(프로듀서는 그들의 컨슈머가 어느 것인지 모른다).

3. 카프카는 실시간 게시-구독publish-subscribe 솔루션과 메시징 시스템 두 가지로 설명된다. 여기에 더해서 오픈 소스, 분산형, 파티션partition을 지원하는, 복제되는 커밋-로그 기반의 게시-구독 스키마를 사용하는 솔루션이다.

다음의 내용을 시작하기 전에 카프카와 관련된 몇 가지 개념과 명명법을 알아보자.

- **브로커**: 서버 프로세스
- **클러스터**: 브로커 세트set
- **토픽**topic: 로그 파티션을 가진 큐queue
- **오프셋**offset: 메시지 식별자
- **파티션**: 구조화된 커밋 로그에 지속적으로 추가되는 레코드의 정렬된 불변의 순서
- **프로듀서**: 토픽으로 데이터를 게시하는 것
- **컨슈머**: 전송받아 처리하는 것
- **주키퍼**ZooKeeper: 조정자coordinator
- **보유 기간**retention period: 사용 가능한 메시지 상태로 유지하는 기간

카프카는 다음과 같은 세 가지 유형의 클러스터가 있다.

- **단일 노드**: 단일 브로커
- **단일 노드**: 다중 브로커
- **다중 노드**: 다중 브로커

다음처럼 메시지를 전송하는 세 가지 방법이 있다.

- **재전송 금지**: 메시지를 손실할 수 있다.
- **재전송 가능**: 메시지를 절대 손실하지 않는다.
- **1회 전송**: 메시지가 정확하게 한 번 전송된다.

로그의 압축에는 두 가지 유형이 있다.

- **대략적인 방식**: 시간 단위
- **정밀 방식**: 메시지 단위

다음의 6개의 레시피는 아무것도 없는 상태에서 전체적으로 카프카를 테스트할 수 있도록 필요한 단계를 포함한다.

▌ 카프카 설치

이제 첫 단계다. 이 레시피는 아파치 카프카를 설치하는 방법을 보여준다.

준비사항

컴퓨터에 최소 4GB의 RAM이 있어야 한다. 설치 경로는 맥^{Mac}의 경우 /usr/local/kafka/이며, 리눅스는 /opt/kafka/이다. 이러한 디렉터리를 생성하도록 한다.

구현방법

그림 1-1처럼 아파치 카프카 다운로드 페이지 http://kafka.apache.org/downloads를 방문한다.

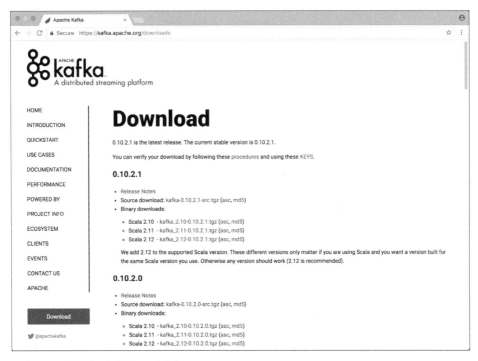

그림 1-1 아파치 카프카 다운로드 페이지

현재 사용 가능한 아파치 카프카의 안정화된 버전은 0.10.2.1이다. 0.8x 버전부터의 중요한 제약 사항은 하위 버전 호환성이다. 즉 기존에 0.8 이전 버전으로 설치된 프로그램은 지원하지 않는다. 일단 가용한 최신 버전을 다운로드하고 설치를 진행하자.

이 예제에서는 맥 사용자의 경우에 /usr/local/을 /opt로 대체하면 된다.

리눅스에 자바 설치하기

여기서는 1.7 이상의 자바 버전이 필요하다. 오라클 웹사이트 http://www.oracle.com/technetwork/java/javase/downloads/index.html에서 최신 JDK를 다운로드해 설치한다.

1. 파일 모드 변경

```
> chmod +x jdk-8u131-linux-x64.rpm
```

2. 설치를 원하는 경로로 이동한다.

```
> cd <directory path name>
```

3. 다음과 같이 rpm 설치를 실행한다.

```
> rpm -ivh jdk-8u131-linux-x64.rpm
```

4. 마지막으로 JAVA_HOME 환경 변수를 추가한다. 다음의 명령은 JAVA_HOME 환경 변수를 /etc/profile에 출력한다.

```
> echo "export JAVA_HOME=/usr/java/jdk1.8.0_131" >> /etc/profile
```

리눅스에 스칼라 설치하기

다음은 리눅스에 스칼라를 설치하는 과정이다.

1. http://www.scala-lang.org/download에서 최신 스칼라 파일을 다운로드한다.
2. 다운로드한 scala-2.12.2.tgz 파일의 압축을 푼다.

```
> tar xzf scala-2.12.2.tgz
```

3. 대부분의 안내서에서 환경 변수를 지정하는 위치는 /etc/profile에 위치한다.
4. SCALA_HOME 환경 변수를 생성한다.

```
> export SCALA_HOME=/opt/scala
```

5. 스칼라 bin 디렉터리를 PATH 변수에 다음과 같이 추가한다.

```
> export PATH=$PATH:$SCALA_HOME/bin
```

리눅스에 카프카 설치하기

다음은 리눅스에 카프카를 설치하는 과정이다.

1. 다운로드한 kafka_2.10-0.10.2.1.tgz 파일의 압축을 해제한다.

```
> tar xzf kafka_2.10-0.10.2.1.tgz
```

2. KAFKA_HOME 환경 변수를 생성한다.

```
> export KAFKA_HOME=/opt/kafka_2.10-0.10.2.1
```

3. 카프카 bin 디렉터리를 PATH 변수에 추가한다.

```
> export PATH=$PATH:$KAFKA_HOME/bin
```

추가정보

여기의 모든 과정을 명령줄 도구를 사용해 처리하려면, 맥 사용자의 경우 brew라고 하는 강력한 도구가 있다(리눅스에서 'yum'과 같은 존재다).

명령줄 도구로 설치하기 위해서는 다음의 과정을 따른다.

1. brew를 사용해 sbt(스칼라 빌드 도구)를 설치한다.

```
> brew install sbt
```

이미 예전에 다운로드한 파일을 갖고 있다면 업그레이드한다.

```
> brew upgrade sbt
```

이 파일의 출력은 다음과 같다.

```
> brew upgrade sbt
==> Upgrading 1 outdated package, with result:
sbt 0.13.15
==> Upgrading sbt
==> Using the sandbox
==> Downloading
https://github.com/sbt/sbt/releases/download/v0.13.15/sbt-0.13.15.tgz
==> Downloading from
https://github-cloud.s3.amazonaws.com/releases/279553/09838df4-23c6-
11e7-9276-14
######################################################### 100.0%
==> Caveats
You can use $SBT_OPTS to pass additional JVM options to SBT:
  SBT_OPTS="-XX:+CMSClassUnloadingEnabled -XX:MaxPermSize=256M"
This formula is now using the standard lightbend sbt launcher
script.
Project specific options should be placed in .sbtopts in the root of your
project.
Global settings should be placed in /usr/local/etc/sbtopts
==> Summary
/usr/local/Cellar/sbt/0.13.15: 378 files, 63.3MB, built in 1 minute 5
seconds
```

2. brew를 사용해 스칼라를 설치한다.

```
> brew install scala
```

이미 예전에 다운로드한 파일을 설치했다면 업그레이드한다.

```
> brew upgrade scala
```

이 출력은 다음과 비슷하다.

```
> brew install scala
==> Using the sandbox
==> Downloading
https://downloads.lightbend.com/scala/2.12.2/scala-2.12.2.tgz
############################################################
100.0%
==> Downloading
https://raw.githubusercontent.com/scala/scala-tool-support/0a217bc/
bash-completion/sr
########################################################### 100.0%
==> Caveats
To use with IntelliJ, set the Scala home to:
/usr/local/opt/scala/idea
Bash completion has been installed to:
/usr/local/etc/bash_completion.d
==> Summary
/usr/local/Cellar/scala/2.12.2: 44 files, 19.9MB, built in 19seconds
Mist:Downloads admin1$ scala -version
Scala code runner version 2.11.8 -- Copyright 2002-2016, LAMP/EPFL
```

3. brew를 사용해 카프카를 설치한다(주키퍼도 설치하게 된다).

```
> brew install kafka
```

이미 예전에 다운로드한 파일을 설치했다면 업그레이드한다.

```
> brew upgrade kafka
```

이 파일의 출력은 다음과 유사하다.

```
> brew install kafka
==> Installing dependencies for kafka: zookeeper
==> Installing kafka dependency: zookeeper
==> Downloading
```

```
https://homebrew.bintray.com/bottles/zookeeper-3.4.9.sierra.bottle.tar.
gz
########################################################### 100.0%
==> Pouring zookeeper-3.4.9.sierra.bottle.tar.gz
==> Using the sandbox
==> Caveats
To have launched start zookeeper now and restart at login:
brew services start zookeeper
Or, if you don't want/need a background service you can just run:
zkServer start
==> Summary
/usr/local/Cellar/zookeeper/3.4.9:
242 files, 18.2MB
==> Installing kafka
==> Downloading
https://homebrew.bintray.com/bottles/kafka-0.10.2.0.sierra.bottle.tar.gz
########################################################### 100.0%
==> Pouring kafka-0.10.2.0.sierra.bottle.tar.gz
==> Caveats
To have launchd start kafka now and restart at login:
brew services start kafka
Or, if you don't want/need a background service you can just run:
zookeeper-server-start /usr/local/etc/kafka/zookeeper.properties &
kafka-server-start /usr/local/etc/kafka/server.properties
==> Summary
/usr/local/Cellar/kafka/0.10.2.0: 145 files, 37.3MB
```

참고자료

- 아파치 카프카 다운로드 페이지 http://kafka.apache.org/downloads를 살펴
  본다.
- brew에 대한 더 자세한 사항은 https://brew.sh/ 사이트를 방문해 확인한다.

▌ 카프카 실행

이제 두 번째 단계다. 이번 레시피는 아파치 카프카 설치를 테스트하는 방법을 보여준다.

준비사항

카프카 설치 디렉터리(맥 사용자: /usr/local/kafka/, 리눅스 사용자: /opt/kafka) :

```
> cd /usr/local/kafka
```

구현방법

1. 먼저 주키퍼를 실행할 필요가 있다(안타깝게도 카프카의 주키퍼에 대한 의존성은 여전히 높다).

   ```
   zkServer start
   ```

   다음과 같은 결과를 볼 수 있다.

   ```
   ZooKeeper JMX enabled by default
   Using config: /usr/local/etc/zookeeper/zoo.cfg
   Starting zookeeper ... STARTED
   ```

2. 주키퍼가 실행 중인지 확인하기 위해서 lsof 명령을 9093포트(기본값)로 수행한다.

   ```
   > lsof -i :9093
   ```

   다음과 같은 출력이 표시될 것이다.

```
COMMAND PID USER FD TYPE DEVICE SIZE/OFF NODE
NAME
java 17479 admin1 97u IPv6 0xcfbcde96aa59c3bf 0t0 TCP
*:9093 (LISTEN)
```

3. 이제 설치된 카프카 서버를 실행한다. 다음과 같이 맥 사용자의 경우 /usr/local/ kafka/로, 리눅스는 /opt/kafka/로 이동한다.

```
> ./bin/kafka-server-start.sh /config/server.properties
```

이제 컴퓨터에 아파치 카프카 브로커가 실행 중이다.

추가정보

카프카를 시작하기 전에 반드시 주키퍼가 실행 중이어야 한다는 점을 유념한다. 카프카를 실행할 때마다 주키퍼 실행을 원하지 않으면, 운영체제에서 자동 시작 서비스로 구성한다.

참고자료

- 아파치 카프카를 빠르게 시작하기 위한 과정을 살펴보려면, https://kafka. apache.org/quickstart의 자료를 보고 따라한다.

▍카프카 브로커 설정

이번 레시피에서는 카프카 브로커에 대한 기본적인 설정을 다룬다. 학습이나 개발 목적의 경우, 독립 실행 형태로 한 대의 카프카를 실행할 수 있다. 진정한 카프카의 능력은 클러스터 형태로 복제를 사용해 실행하는 경우에 해당되고, 토픽은 파티션으로 나뉜다.

클러스터 모드로 사용하면 두 가지 주요 장점이 있는데, 바로 병렬 처리^{Parallelism}와 중복성 ^{redundancy}이다. 병렬 처리는 클러스터 멤버 사이에서 동시에 작업을 수행하는 능력을 말하고, 중복성은 하나의 카프카 노드에 장애가 나면, 다른 노드에 의해 여전히 접근이 가능하도록 안정성을 보장한다.

운영 환경에서는 단일 노드 클러스터를 권장하지 않으므로, 여기서는 여러 노드로 클러스터를 구성하는 레시피를 보여준다.

준비사항

앞에서 언급했듯이 브로커는 서버의 인스턴스다. 이번 레시피는 하나의 컴퓨터에서 두 개의 다른 서버를 시작하는 방법을 보여준다. server.properties로 불리는 서버 구성 템플릿이 있으며, 카프카 설치 디렉터리 이하 config라는 하위 폴더에 위치한다.

1. 실행하려는 각각의 카프카 브로커(서버)에 대해서 구성 파일 템플릿을 복사하고, 알맞게 파일명을 수정한다. 여기서는 클러스터를 synergy라고 부르겠다.

```
> cp config/server.properties synergy-1.properties
> cp config/server.properties synergy-2.properties
```

2. 개별 파일을 계획에 맞게 수정한다. synergy-1 파일의 경우 broker.id는 1로 설정한다. 서버가 구동할 포트 번호를 지정해야 하며, synergy-1은 9093을, synergy-2는 9094 사용을 권한다. 포트 속성은 템플릿에 설정돼 있지 않으므로 다음과 같은 내용의 줄을 추가한다. 마지막으로 카프카 로그(모든 카프카 브로커 동작 기록 모음)의 위치를 지정한다. 여기에서는 /tmp 디렉터리를 사용한다.

synergy-1.properties 설정:

```
broker.id=1
port=9093
log.dir=/tmp/synergy-1-logs
```

synergy-2.properties 설정:

```
broker.id=2
port=9094
log.dir=/tmp/synergy-2-logs
```

3. **kafka-server-start.sh** 명령과 해당 구성 파일을 사용해 카프카 브로커를 시작 한다. 또한 해당 노드에 주키퍼가 이미 시작돼 있어야 하며, 각 포트는 다른 프로 세스에 의해 사용 중이면 안 된다.

```
> bin/kafka-server-start.sh synergy-1.properties &
...
> bin/kafka-server-start.sh synergy-2.properties &
```

& 기호를 사용하는 것은 명령을 백그라운드로 실행하도록 지정하기 위해서다. 브로커 출 력을 보고자 한다면, 각각의 명령을 별도의 명령창에서 실행한다.

동작원리

속성 파일은 서버 구성을 포함한다. server.properties 파일은 config 디렉터리에 위치하 는 단순한 템플릿이다.

클러스터의 모든 멤버는 동일한 주키퍼 클러스터를 지정해야 한다. 모든 브로커는 broker. id 속성에 지정된 이름을 가지고 클러스터에서 식별된다. Port 속성이 지정되지 않은 경 우, 주키퍼는 동일한 포트 번호를 할당하고 데이터를 겹쳐 쓰게 된다. log.dir가 지정되 지 않은 경우에는 모든 브로커가 동일한 기본 log.dir에 기록할 것이다. 브로커가 다른 컴 퓨터에서 실행 중일 경우, port와 log.dir를 지정하지 않을 수 있다.

추가정보

포트를 서버에서 할당하기 전에 어떤 프로세스가 어떤 포트를 사용 중인지 볼 수 있는 유용한 명령어가 있다(여기서는 9093).

```
> lsof -i :9093
```

위의 명령에 대해 다음과 유사하게 출력될 것이다.

```
COMMAND PID USER FD TYPE DEVICE SIZE/OFF NODE NAME
java 17479 admin 97u IPv6 0xcfbcde96aa59c3bf 0t0 TCP *:9093
(LISTEN)
```

카프카 서버를 시작할 때 이 명령어를 사용해보고, 시작하고 나면 어떻게 바뀌는지 살펴본다. 또한 사용 중인 포트로 브로커를 시작해보고, 어떻게 실패하는지 살펴본다.

여러 컴퓨터에서 카프카 노드를 실행하려면, 구성 파일에서 주키퍼 연결 문자열을 수정한다. 기본값은 다음과 같다.

```
zookeeper.connect=localhost:2181
```

이 값은 카프카 브로커가 주키퍼와 동일한 컴퓨터일 경우에만 유효하다. 운영 시스템에서는 이런 경우가 없다. 다른 컴퓨터에서 실행 중인 주키퍼를 지정하려면 다음 문자열을 설정한다.

```
zookeeper.connect=localhost:2181, 192.168.0.2:2183, 192.168.0.3:2182
```

이 내용은 주키퍼가 localhost 컴퓨터에 2181 포트와 192.168.0.2의 IP 주소를 가진 컴퓨터의 2183 포트, 192.168.0.3의 IP 주소를 가진 컴퓨터의 2182 포트에서 구동 중임을 말한다. 주키퍼의 기본 포트는 2181를 사용하므로 해당 위치에서 실행하도록 한다.

연습용으로 주키퍼에 대한 잘못된 정보로 브로커를 실행해보자. 또한 lsof 명령어와 조합해서 주키퍼를 이미 사용 중인 포트로 주키퍼를 구동해본다.

참고자료

- server.properties 템플릿(모든 카프카 프로젝트)은 https://github.com/apache/kafka/blob/trunk/config/server.properties 링크에 게시돼 있다.

▌카프카 토픽 설정

카프카 클러스터로 실행 중이지만 브로커 내부의 마법 같은 존재는 바로 큐queue라고 볼 수 있으며, 이것이 바로 토픽이다. 다음의 레시피는 두 번째 단계로 카프카 토픽을 생성하는 방법을 보여준다.

준비사항

여기서 필요한 사항은 다음과 같다.

- 카프카가 설치돼 있어야 한다.
- 주키퍼가 실행 중이어야 한다.
- 카프카 서버가 실행 중이어야 한다.
- 카프카 설치 디렉터리 cd /usr/local/kafka로 이동한다(맥 사용자: /usr/local/kafka/, 리눅스 사용자: /opt/kafka/).

구현방법

요즘 프로젝트는 대부분 두 가지 수행 방법, 즉 명령줄 입력을 사용하는 방법과 코드를 작성하는 방법이 있다. 믿거나 말거나지만 카프카 브로커 생성은 대부분의 최근 프로그래밍 언어로 수행이 가능하다. 앞에서는 명령줄 입력으로 하는 방법을 보여줬다. 이후에는 그런 과정을 프로그램을 통해 수행하는 방법도 설명한다.

토픽에 대해서도 마찬가지다. 명령줄은 물론 코드를 사용해서도 생성할 수 있다. 다음 레시피는 명령줄 입력을 사용하는 방법을 보여준다. 카프카는 이미 다뤘듯이 내장된 도구를 사용해 브로커와 토픽을 생성할 수 있다. 카프카 설치 디렉터리에서 다음의 명령을 입력한다.

```
> ./bin/kafka-topics.sh --create --zookeeper localhost:2181 --replication-factor 1 --partitions 1 --topic humbleTopic
```

출력은 다음과 같다.

```
Created topic "humbleTopic".
```

동작원리

여기서는 kafka-topics.sh 명령이 사용됐다. --create 파라미터를 사용해서 새로운 토픽을 생성하도록 지정했다. --topic 파라미터는 토픽의 이름을 설정하며, 여기서는 humbleTopic을 사용했다.

--replication-factor 파라미터는 매우 중요하며, 클러스터에서 몇 개의 서버에 토픽이 복제될지 지정한다. 하나의 브로커는 오직 한 개의 복제를 할 수 있다. 분명한 점은 클러스터 상에서 실행 중인 서버의 수보다 많은 수를 지정하면 다음과 같은 오류가 발생한다 (두려워하지 말고 자신의 환경에서 한 번 시도해보자).

```
Error while executing topic command : replication factor: 3 larger than
available brokers: 1
[2017-02-28 07:13:31,350] ERROR
org.apache.kafka.common.errors.InvalidReplicationFactorException:
replication factor: 3 larger than available brokers: 1
    (kafka.admin.TopicCommand$)
```

--partitions 파라미터는 이름에서 알 수 있듯이 토픽이 갖는 파티션 수를 말한다. 파티션 수는 컨슈머 측면에서 볼 때 가능한 병렬처리량을 결정한다. 이 파라미터는 클러스터에서 성능을 조정할 때 기본적으로 사용된다.

마지막으로 --zookeeper 파라미터는 실행 중인 주키퍼 클러스터를 가리킨다.

토픽이 생성되면 브로커 로그에 다음과 유사한 내용으로 출력된다.

```
[2017-02-28 07:05:53,910] INFO [ReplicaFetcherManager on broker 1] Removed
fetcher for partitions humbleTopic-0 (kafka.server.ReplicaFetcherManager)
[2017-02-28 07:05:53,950] INFO Completed load of log humbleTopic-0 with 1
log segments and log end offset 0 in 21 ms (kafka.log.Log)
```

이 내용은 해당 브로커에 새로운 토픽이 생성됐음을 의미한다.

추가정보

물론 --create를 포함해 더 많은 파라미터가 있다. 토픽이 성공적으로 생성됐는지 확인하려면 kafka-topics 명령에 --list 파라미터를 사용한다.

```
> ./bin/kafka-topics.sh --list --ZooKeeper localhost:2181 humbleTopic
```

이 파라미터는 카프카 클러스터에 존재하는 모든 토픽을 반환한다.

특정 토픽의 세부 내용을 보려면 kafka-topics 명령에 --describe 파라미터를 사용한다.

```
> ./bin/kafka-topics.sh --describe --zookeeper localhost:2181 ?topic humbleTopic
```

이 명령의 출력은 다음과 같다.

```
Topic:humbleTopic PartitionCount:1 ReplicationFactor:1 Configs:
Topic: humbleTopic Partition: 0 Leader: 1 Replicas: 1 Isr: 1
```

다음은 위 출력에 대한 설명이다.

- PartitionCount: 해당 토픽에 존재하는 파티션의 수
- ReplcationFactor: 해당 토픽에 존재하는 복제본의 수
- Leader: 해당 파티션의 읽기와 쓰기에 대한 역할을 하는 노드
- Replicas: 카프카 데이터를 복제하는 브로커 목록이다. 이 중 일부는 못 쓰게 되기도 한다.
- ISR: 현재 동기화되고 있는 복제본의 노드 목록이다.

다중 복제본replicas을 사용하는 토픽을 생성하려면 다음과 같이 복제 팩터replication factor를 증가시켜야 한다.

```
> ./bin/kafka-topics.sh --create --zookeeper localhost:2181 --replication-
factor 2 --partitions 1 --topic replicatedTopic
```

위에 대한 출력은 다음과 같다.

```
Created topic "replicatedTopic".
```

토픽의 상세내용을 확인하기 위해 --describe 파라미터를 사용해 kafka-topics 명령을
호출한다.

```
> ./bin/kafka-topics.sh --describe --zookeeper localhost:2181 --topic
replicatedTopic
Topic:replicatedTopic PartitionCount:1 ReplicationFactor:2 Configs:
Topic: replicatedTopic Partition: 0 Leader: 1 Replicas: 1,2 Isr:1,2
```

복제본과 ISR[in-sync replicas]이 동일한 목록을 갖고 있기 때문에 모든 노드는 동기화[in-sync] 상
태다.

여기에 언급된 모든 명령을 실행해보자. 이미 죽은 서버에서 복제된 토픽을 생성해보고
어떤 출력이 나오는지 보자. 또한 실행 중인 서버에서 토픽을 생성하고 나서 죽이면 어떤
출력이 발생하는지 보자.

이전에 언급했듯이 명령줄을 통해 실행한 모든 명령어는 프로그램으로도 수행이 가능
하다.

▌ 메시지 콘솔 프로듀서 생성

카프카는 또한 콘솔을 사용해 데이터를 생성하는 명령어를 가지고 있다. 여기서의 입력
은 텍스트 파일이나 콘솔 표준 입력이 될 수 있다. 입력할 때 각 라인은 카프카 클러스터
에 단일 메시지로 전송된다.

준비사항

이번 레시피는 1장에서 제시한 이전 레시피를 실행해둬야 한다. 카프카는 이미 다운로드해 설치돼 있어야 하고, 카프카 노드는 올라와서 실행 중이며, 토픽은 클러스터에 생성돼 있어야 한다. 콘솔에서 메시지 생성을 시작하려면 명령줄 입력을 통해 카프카 디렉터리로 변경한다.

구현방법

카프카 설치 디렉터리로 이동한다(맥 사용자: /usr/local/kafka/, 리눅스 사용자: /opt/kafka).

```
> cd /usr/local/kafka
```

다음의 명령어를 실행한다. 이어서 다음 줄의 내용은 메시지로 서버에 전송된다.

```
./bin/kafka-console-producer.sh --broker-list localhost:9093 ?topic humbleTopic

Her first word was Mom

Her second word was Dad
```

동작원리

위의 명령어는 두 개의 메시지를 로컬 컴퓨터의 9093번 포트를 통해 humbleTopic에 푸시한다.

이는 특정 토픽을 갖고 있는 브로커가 잘 올라와서 실행 중인지 확인하는 간단한 방법이다.

추가정보

kafka-console-producer 프로그램은 다음의 파라미터를 사용할 수 있다.

- **--broker-list**: 주키퍼 서버를 지정하며, 호스트명과 포트를 콤마로 구분해 지정한다.

- **--topic**: 대상 토픽의 이름을 나타낸다.

- **--sync**: 메시지가 동기 방식으로 전송되어야 하는지를 지정한다.

- **--compression-codec**: 메시지를 생성하면서 사용할 압축 코덱을 지정한다. 가능한 옵션은 none, gzip, snappy, lz4 등이다. 지정되지 않을 경우 기본값은 gzip이다.

- **--batch-size**: 동기synchronously 방식으로 보내지 않을 경우, 하나의 배치batch로 전송할 메시지 수다. 배치의 크기는 바이트 단위로 지정한다.

- **--message-send-max-retries**: 네트워크 통신이 항상 완벽하지는 않아서 브로커는 메시지 수신에 실패할 수 있다. 이 파라미터는 프로듀서가 메시지를 포기하고 버리기 전에 재전송을 시도할 수다. 이 파라미터에 지정될 수는 반드시 0보다 큰 정수여야 한다.

- **--retry-backoff-ms**: 리더leader 노드의 선정은 시간이 다소 걸릴 수 있다. 이 파라미터는 리더 선정 이후 프로듀서가 재시도 하기 전에 대기하는 시간이다. 이 파라미터에 지정되는 수는 밀리초다.

- **--timeout**: 프로듀서가 비동기 방식으로 실행 중일 경우, 이 파라미터는 메시지가 큐에서 충분한 배치 크기를 갖도록 대기하는 최대 시간이다. 이 값은 밀리초로 설정된다.

- **--queue-size**: 프로듀서가 비동기 방식으로 실행 중일 경우, 이 파라미터는 메시지가 큐에서 충분한 배치 크기를 갖도록 대기하는 최대 메시지 수다.

서버의 성능을 잘 조정하려면 `batch-size`, `message-send-max-retries`, `retry-backoff-ms` 값이 기본이다. 원하는 성능을 얻기 위해 이 파라미터의 조정을 고려한다.

여기서 잠깐만! 누군가 이렇게 말할 수 있다. "나는 모든 메시지를 타이핑하는 데 소중한 시간을 낭비하고 싶지 않아." 이런 사람을 위해 각 줄이 하나의 메시지로 간주되는 파일을 명령어에 사용할 수 있다.

```
> ./bin/kafka-console-producer.sh --broker-list localhost:9093 ?topic
humbleTopic < firstWords.txt
```

메시지 콘솔 컨슈머 생성

이제 마지막 과정을 수행해보자. 앞에서 다룬 레시피에서 콘솔에서 메시지를 생성하는 방법을 설명했다. 이번 레시피는 생성된 메시지를 읽는 방법에 대한 것이다. 카프카는 메시지를 사용^{consuming}하는 명령줄 도구를 잘 구비하고 있다. 명령줄 도구로 한 작업은 모두 프로그램으로도 수행될 수 있다는 점을 기억하자. 또한 입력된 각 행은 프로듀서로부터의 메시지로 간주된다는 점도 참고한다.

준비사항

이번 레시피는 앞에서 사용한 레시피가 수행돼 있어야 한다. 카프카는 미리 다운로드해서 설치돼 있어야 하고, 카프카 노드는 올라와서 구동 중이어야 하며, 클러스터 내에 토픽이 생성돼 있어야 한다. 또한 메시지 콘솔 프로듀서를 사용해 약간의 메시지가 생성돼 있어야 한다. 콘솔에서 메시지를 사용하기 위해서는 명령줄에서 카프카 디렉터리로 이동한다.

구현방법

콘솔에서 카프카 메시지를 사용하는 것은 쉽다. 다음의 명령어만 실행하면 된다.

```
> ./bin/kafka-console-consumer.sh --topic humbleTopic --bootstrap-server
localhost:9093 --from-beginning

Her first word was Mom
Her second word was Dad
```

동작원리

여기에 사용된 파라미터는 프로듀서의 토픽과 브로커 이름이다. 또한 --from-begining 파라미터는 로그에서의 마지막 메시지가 아니라 처음부터 사용될 메시지를 지정한다(한 번 다음과 같이 시도해보자: 여러 메시지를 더 생성하고, 이 파라미터를 지정하지 않는다).

추가정보

이 명령어에 대한 더 많은 유용한 파라미터가 있다. 조금 흥미로운 사실은 다음과 같다.

- --fetch-size: 단일 요청에 의해 가져올 데이터의 크기다. 이 파라미터 뒤에 지정될 숫자의 단위는 바이트다. 기본값은 1024*1024다.
- --socket-buffer-size: TCP RECV의 크기이며 단위는 바이트다. 기본값은 2*1024*1024다.
- --formater: 표시할 메시지 형식에 사용할 클래스 이름이다. 기본값은 Newline MessageFormatter다(이번 레시피에 이미 사용했다).
- --autocommit.interval.ms: 현재 오프셋offset을 저장할 밀리초 단위의 시간주기다(오프셋 개념은 나중에 설명한다). 이 인수 다음에 사용할 시간을 지정하고, 기본값은 10000이다.

- --max-messages: 이미 갖고 있는 메시지를 사용하기 전까지의 최대 메시지 수다. 이 값이 지정되지 않으면 메시지를 연속적으로 사용한다. 메시지 수를 이 인수 다음에 지정한다.
- --skip-message-on-error: 메시지를 처리하는 동안에 오류가 발생하면 시스템은 중단하는 대신에 메시지를 건너뛴다.

지루한 이론 설명은 다했다. 이 책은 실용적인 요리책이므로 이제 응답형 메뉴로 들어가보자.

한 개의 메시지만 사용해보자.

```
> ./bin/kafka-console-consumer.sh --topic humbleTopic --bootstrap-server
localhost:9093 --max-messages 1
```

오프셋에서 하나의 메시지를 사용해보자.

```
> ./bin/kafka-console-consumer.sh --topic humbleTopic --bootstrap-server
localhost:9093 --max-messages 1 --formatter
'kafka.coordinator.GroupMetadataManager$OffsetsMessageFormatter'
```

특정 컨슈머 그룹으로부터의 메시지를 사용해보자(컨슈머 그룹은 이후에 설명한다).

```
> ./bin/kafka-console-consumer.sh --topic humbleTopic --bootstrap-server
localhost:9093 --new-consumer --consumer-property group.id=my-group
```

전체 인수의 목록을 보고 싶다면 https://github.com/kafka-dev/kafka/blob/master/core/src/main/scala/kafka/consumer/ConsoleConsumer.scala 링크에서 명령어 소스 코드를 살펴볼 수 있다.

브로커 설정 구성

대부분의 아파치 카프카에서 생기는 마법은 설정을 통해 이뤄진다. 집중 메시징 시스템으로서의 성공 요소는 설정을 잘 구성하는 것이다. 이러한 점에서 카프카는 설정으로 구성 가능한 부분이 매우 많다. 실제로는 대부분의 시스템이 기본값을 사용해 평균적인 성능을 보이지만, 운영시스템에서는 최적의 성능을 달성하기 위한 구성을 수행해야 한다. 올바른 설정을 찾아가는 과정이 테스트와 오류를 반복하는 것이다. 이런 설정을 구성하는 데에는 정답이 없다.

1장의 나머지 부분은 카프카 브로커에 대한 성능 조정을 다룬다.

준비사항

앞의 레시피에서 카프카를 설치하고 실행하는 방법을 설명했다. 이제 config 디렉터리에 server.properties 템플릿의 복사본을 만들고 문서 편집기를 사용해서 복사본을 연다.

구현방법

1. 설정 파일에서 기본 설정을 구성한다.
2. 다음과 같은 값으로 파라미터를 설정한다.

```
broker.id=0
listeners=PLAINTEXT://localhost:9093
log.dirs=/tmp/kafka-logs
```

동작원리

이전 레시피에서 봤듯이 모든 브로커의 정의는 설정 파일에 포함돼 있다. 나머지는

60

server-start 명령어로 설정파일을 하나의 인수로 전달하는 것이다.

모든 파라미터에 대한 상세는 다음과 같다.

- broker.id: 음이 아닌 정수이며 기본값은 0이다. 이름은 반드시 클러스터에서 유일해야 한다. 여기서 중요한 점은 브로커에 이름을 할당해 다른 호스트나 포트로 이동될 경우 컨슈머 입장에서 볼 때, 아무런 변경 사항이 없다는 것이다.
- listeners: 쉼표로 구분된 URI 목록이며, 브로커는 리스너^{listener} 이름을 기반으로 요청을 대기한다. 올바른 리스터 목록의 예는 다음과 같다.

PLAINTEXT://127.0.0.1:9092, SSL://:9091, CLIENT://0.0.0.0:9092와
REPLICATION://localhost:9093.

- host.name: 사용되지 않음. 기본값이 null인 문자열이다. 이 파라미터가 지정되지 않으면, 카프카는 시스템 상의 모든 인터페이스를 바인드^{bind}한다. 이 파라미터가 지정된 경우에는 지정된 주소만 바인드한다. 특정 인터페이스로만 클라이언트가 연결하길 원하면 이 값을 설정한다.
- port: 사용되지 않음. 음수가 아닌 정수값이며 기본값은 9092다. 연결을 대기할 TCP 포트다. 파일 템플릿에서 이 값은 설정되지 않았다는 점을 유념한다.
- log.dir: 기본값이 /tmp/kafka-logs인 문자열이다. 카프카가 메시지를 로컬에 보존하는 디렉터리다. 이 파라미터는 카프카가 데이터를 어디에 저장할지 알려준다. 시작 명령어를 실행하는 사용자가 이 디렉터리에 대한 쓰기 권한을 갖고 있어야 하는 점이 중요하다.
- log.dirs: 기본값이 null인 문자열이다. 카프카가 메시지를 로컬에 보존하는 디렉터리다. 이 값이 지정되지 않으면, log.dir의 값을 사용한다. 하나 이상의 위치가 지정될 수 있으며, 쉼표로 구분해 디렉터리를 지정한다.

추가정보

연결 브리지^{bridge}를 사용하는 경우에는 내부적으로 사용되는 host.name, port는 외부의 그룹에서 연결에 사용하는 정보와 다르다는 것을 의미하며, 다음 파라미터를 사용한다.

- advertised.listeners: 프로듀서, 컨슈머, 브로커에게 알려준 연결을 위한 호스트명이다. 이 파라미터가 지정되지 않으면 이전과 동일하게 host.name이 사용된다.

▌ 스레드와 성능 구성

최적화된 성능을 구현하려면 어떠한 파라미터도 그냥 기본값으로 두지 않는다. 이러한 파라미터는 최적화된 동작을 위해 고민해야 한다.

준비사항

선호하는 텍스트 편집기로 server.properties 파일의 사본을 연다.

구현방법

다음의 파라미터를 조정한다.

```
message.max.bytes=1000000
num.network.threads=3
num.io.threads=8
background.threads=10
queued.max.requests=500
socket.send.buffer.bytes=102400
socket.receive.buffer.bytes=102400
socket.request.max.bytes=104857600
num.partitions=1
```

동작원리

파라미터 변경을 통해 애플리케이션에 대한 최적의 수준을 달성하도록 네트워크와 성능 구성을 설정한다. 다시 말해 모든 시스템은 다르고, 자신의 시스템에 대해 약간의 실험을 해서 특정 구성에 대한 최적화된 구성을 갖도록 한다.

여기서의 모든 파라미터에 대한 설명이다.

- `message.max.bytes`: 각 메시지의 최대 크기를 나타내는 바이트수다. 기본값은 1000000이다. 이 파라미터는 프로듀서가 지나치게 큰 메시지를 전송하고 컨슈머가 포화상태가 되는 것을 막는다.
- `num.network.threads`: 기본값은 3이다. 네트워크 요청을 처리하기 위해 실행 중인 동시 스레드 수다. 시스템이 너무 많은 동시 요청을 가지면 이 값을 증가시키는 것을 고려한다.
- `num.io.threads`: 기본값은 8이다. 입출력 동작을 위한 스레드 수다. 이 값은 최소한 현재 프로세서 수가 되도록 한다.
- `background.threads`: 기본값은 10이다. 백그라운드 작업을 위한 스레드 수다. 예를 들어 기존 로그 파일의 삭제작업 등을 포함한다.
- `queued.max.requests`: 기본값은 500이다. 입출력 스레드가 다른 메시지를 처리하는 동안 대기열의 메시지 수다. 대기열이 가득 차면 네트워크 스레드는 더 이상의 요청을 받지 않는다. 자신의 애플리케이션이 불규칙한 부하를 갖고 있다면 이 값을 채우지 않도록 설정한다.
- `socket.send.buffer.bytes`: 기본값은 102400이다. 소켓 연결을 위한 SO_SNDBUF 버퍼 크기다.
- `socket.receive.buffer.bytes`: 기본값은 102400이다. 소켓 연결을 위한 SO_RCVBUFF 버퍼 크기다.
- `socket.request.max.bytes`: 기본값은 104857600이다. 서버가 받아들일 수 있는 바이트로 표시된 최대 요청 크기다. 항상 자바 힙heap 크기보다 작아야 한다.

- num.partitions: 기본값은 1이다. 파티션 크기를 지정하지 않고, 토픽의 기본 파티션 수를 말한다.

추가정보

JVM 상에서 실행되는 모든 것은 최적화된 성능을 위해 자바의 설치에 대한 조정이 필요하다. 이는 힙, 소켓 크기, 메모리 파라미터, 가비지 컬렉터 등을 포함한다.

❚ 로그 설정 구성

로그는 컴퓨터에 모든 메시지가 저장된 파일을 참조한다. 이 책에서의 로그는 단순한 이벤트 기록이 아니라 데이터 구조를 생각해본다.

로그 설정은 필수적이며, 메시지가 브로커 컴퓨터에 보존되도록 구성하는 방법이다.

준비사항

선호하는 텍스트 편집기를 사용해서 server.properties 파일 복사본을 연다.

구현방법

다음의 파라미터를 조정한다.

```
log.segment.bytes=1073741824
log.roll.hours=168
log.cleanup.policy=delete
log.retention.hours=168
log.retention.bytes=-1
```

```
log.retention.check.interval.ms= 30000
log.cleaner.enable=false
log.cleaner.threads=1
log.cleaner.backoff.ms=15000
log.index.size.max.bytes=10485760
log.index.interval.bytes=4096
log.flush.interval.messages=Long.MaxValue
log.flush.interval.ms=Long.MaxValue
```

동작원리

다음은 위의 모든 파라미터에 대한 설명이다.

- **log.segment.bytes**: 기본값은 1GB다. 바이트 단위로 최대 세그먼트 크기를 정의한다(세그먼트 개념은 나중에 설명한다). 일단 세그먼트 파일이 지정된 크기에 도달하면 새로운 세그먼트 파일이 생성된다. 토픽은 로그 디렉터리에 여러 세그먼트 파일로 저장된다. 이 속성은 또한 토픽 단위로 설정이 가능하다.

- **log.roll.{ms,hours}**: 기본값은 7일이다. 새로운 세그먼트 파일이 생성된 이후에 아직 크기 한도에 도달하지 않더라도 다음 파일로 넘어갈 시간 주기를 정의한다. 이 속성은 토픽 단위로 설정이 가능하다.

- **log.cleanup.policy**: 기본값은 delete다. 가능한 옵션 값은 delete 또는 compact다. delete로 설정되면, 로그 세그먼트는 시간이나 크기 제한에 도달할 때 주기적으로 삭제된다. compact로 설정되면 불필요한 레코드를 없애기 위해 압축을 사용한다. 이 속성은 또한 토픽 단위로 설정이 가능하다.

- **log.retention.{ms,minutes,hours}**: 기본값은 7일이다. 로그 세그먼트를 보유할 시간을 정의한다. 이 속성 또한 토픽별로 설정이 가능하다.

- **log.retention.bytes**: 기본값은 -1이다. 삭제하기 전에 보관할 파티션 당 로그 수를 지정한다. 이 속성 또한 토픽별로 설정이 가능하다. 세그먼트는 로그의 시간이나 크기 제한에 도달하면 삭제된다.

- `log.retention.check.interval.ms`: 기본값은 5분이다. 로그의 보유 정책을 만족하기 위해 삭제할 대상을 확인하는 시간주기다.
- `log.cleaner.enable`: 압축을 활성화하려면 true로 설정한다.
- `log.cleaner.threads`: 로그의 압축을 위한 작업자 스레드 수를 지정한다.
- `log.cleaner.backoff.ms`: 정리가 필요한 로그가 있는지 확인하는 주기다.
- `log.index.size.max.bytes`: 기본값은 1GB다. 바이트 단위로 오프셋 인덱스의 최대 크기를 설정한다. 이 속성도 토픽별로 설정이 가능하다.
- `log.index.interval.bytes`: 기본값은 4096이다. 새로운 항목이 오프셋 인덱스에 추가되는 주기다(오프셋 개념은 나중에 설명한다). 데이터를 가져오는 개별 요청에서 브로커는 가져오기를 시작하고 끝낼 로그 내의 올바른 위치를 찾기 위한 바이트 수에 대해 일정하게 살펴본다. 이 값을 지나치게 높게 설정하면 인덱스 파일이 커지고 더 많은 메모리를 사용하게 되지만, 검사하는 횟수는 줄어든다.
- `log.flush.interval.message`: 기본값은 9223372036854775807이다. 디스크로 내보내기 전에 메모리에 보유할 메시지의 수다. 확실하게 보유하는지 보장하지는 않지만, 더 알맞게 제어하도록 돕는다.
- `log.flush.interval.ms`: 디스크로 내보내기 전에 메모리에 보유할 토픽 내의 메시지에 대한 최대 시간을 밀리초 단위로 설정한다.

추가정보

모든 설정의 목록은 http://kafka.apache.org/documentation.html#brokerconfigs에서 살펴볼 수 있다.

▌ 복제 설정 구성

신뢰할 수 있는 시스템을 구성하기 위해 복제를 사용한다. 복제 설정 또한 조정이 가능하다.

준비사항

선호하는 텍스트 편집기를 사용해서 server.properties 파일 복사본을 연다.

구현방법

다음의 파라미터를 조정한다.

```
default.replication.factor=1
replica.lag.time.max.ms=10000
replica.fetch.max.bytes=1048576
replica.fetch.wait.max.ms=500
num.replica.fetchers=1
replica.high.watermark.checkpoint.interval.ms=5000
fetch.purgatory.purge.interval.requests=1000
producer.purgatory.purge.interval.requests=1000
replica.socket.timeout.ms=30000
replica.socket.receive.buffer.bytes=65536
```

동작원리

위의 설정에 대한 설명이다.

- default.replication.factor: 기본값은 1이다. 자동으로 생성된 토픽이 갖는 복제본의 수를 설정한다.

- replica.lag.time.max.ms: 기본값은 10000이다. 리더leader와 팔로워follower가 있고, 팔로워가 어떠한 가져오기 요청을 보내지 않았거나 이 시간 동안 사용하지 않는다면, 리더는 ISR 목록에서 팔로워를 제거하고, 팔로워가 죽은 것으로 판단한다.

- replica.fetch.max.bytes: 기본값은 1048576이다. 단위 요청 범위에서 각 파티션에 대해 이 값은 리더의 요청에 의해 가져온fetch 최대 바이트 수를 설정한다. 브로커가 수용하는 최대 메시지 크기는 message.max.bytes(브로커 설정)이나 max.message.bytes(토픽 설정)에 의해 정의된다는 점을 유념한다.

- replica.fetch.wait.max.ms: 기본값은 500이다. 리더가 복제본의 가져오기 요청에 응답하는 최대 시간이다. 이 값은 반드시 replica.lag.time.max.ms보다 작아야 한다는 점을 유의한다.

- num.replica.fetchers: 기본값은 1이다. 메시지를 소스 브로커에서 복제하기 위해 사용되는 가져오기 스레드 수를 지정한다. 이 수를 증가시키면 해당 브로커와 관련한 입출력 속도를 증가시킨다.

- replica.high.watermark.checkpoint.interval.ms: 기본값은 500이다. **하이 워터마크(HW)**high watermark는 마지막으로 커밋commit된 메시지의 오프셋이다. 이 값은 각각의 복제가 복구를 위해 하이 워터마크를 디스크에 저장하는 주기가 된다.

- fetch.purgatory.purge.interval.requests: 기본값은 1000이다. 연옥(지옥 같은 곳)purgatory은 가져오기 요청fetch request이 응답을 받을 때까지 중지된 상태를 유지하는 곳을 말한다(정말 이름을 잘 짓지 않았나?). 제거 주기는 가져오기 요청 연옥의 (시간이 아닌) 요청 수로 지정된다.

- `producer.purgatory.purge.interval.requests`: 기본값은 1000이다. 제거 주기를 프로듀서 요청 연옥에 있는 (시간이 아닌) 요청 수로 설정한다.

추가정보

기타 다른 설정의 목록은 http://kafka.apache.org/documentation.html#brokerconfigs에서 볼 수 있다.

▌ 주키퍼 설정 구성

아파치 주키퍼는 분산된 시스템을 동기화하기 위해 설정 정보를 관리하는 중앙 집중형 서비스다. 주키퍼는 카프카에서 클러스터를 관리하고 토픽 정보가 동기화돼 유지된다.

준비사항

선호하는 텍스트 편집기를 사용해서 server.properties 파일 복사본을 연다.

구현방법

다음의 파라미터를 조정한다.

```
zookeeper.connect=127.0.0.1:2181,192.168.0.32:2181
zookeeper.session.timeout.ms=6000
zookeeper.connection.timeout.ms=6000
zookeeper.sync.time.ms=2000
```

동작원리

위의 설정에 대한 설명이다.

- zookeeper.connect: 기본값은 널^{null}이다. hostname:port 형태로 쉼표로 구분되는 값이고, 주키퍼 연결을 나타낸다. 다수의 주키퍼 연결을 지정하는 것은 카프카 클러스터의 신뢰성과 연속성을 강화한다. 하나의 노드에 장애가 발생하면 주키퍼는 chroot 경로(/chroot/path)를 사용해 특정 경로의 데이터를 가용하게 만든다. 이는 다중 카프카 클러스터에 대해 가용한 주키퍼 클러스터를 갖게 한다. 여기서 경로는 반드시 카프카 클러스터를 시작하기 전에 생성돼 있어야 하고, 컨슈머는 동일한 문자열을 사용해야 한다.
- zookeeper.session.timeout.ms: 기본값은 6000이다. 세션 시간초과^{timeout}는 서버에서 하트비트^{heartbeat}를 지정된 주기 안에 받지 못하면 죽은 것으로 판단한다. 기본적 파라미터고, 이 주기가 너무 길게 지정돼 서버가 죽을 경우 여러 문제를 만난다. 너무 주기가 짧으면 동작 중인 서버가 죽은 것으로 간주되기도 한다.
- zookeeper.connection.timeout.ms: 기본값은 6000이다. 주키퍼에 연결하기 위해서 클라이언트가 연결을 생성하는 동안 대기하는 최대 시간이다.
- zookeeper.sync.time.ms: 기본값은 2000이다. 주키퍼 팔로워가 자신의 주키퍼 리더^{leader}보다 지연될 수 있는 시간이다.

추가정보

- 카프카 관점에서 주키퍼 파라미터에 대한 세부 내용은 http://kafka.apache.org/documentation.html#brokerconfigs에서 참고할 수 있다.
- 아파치 주키퍼 홈페이지: https://zookeeper.apache.org/

▌기타 세부 파라미터 구성

최적의 동작을 원한다면 어떠한 파라미터도 기본값으로 두지 않아야 한다. 최고의 성능을 내기 위해서는 다음과 같은 파라미터 조정을 고려해야 한다.

준비사항

선호하는 텍스트 편집기를 사용해서 server.properties 파일 복사본을 연다.

구현방법

다음의 파라미터를 조정한다.

```
auto.create.topics.enable=true
controlled.shutdown.enable=true
controlled.shutdown.max.retries=3
controlled.shutdown.retry.backoff.ms=5000
auto.leader.rebalance.enable=true
leader.imbalance.per.broker.percentage=10
leader.imbalance.check.interval.seconds=300
offset.metadata.max.bytes=4096
max.connections.per.ip=Int.MaxValue
connections.max.idle.ms=600000
unclean.leader.election.enable=true
offsets.topic.num.partitions=50
offsets.topic.retention.minutes=1440
offsets.retention.check.interval.ms=600000
offsets.topic.replication.factor=3
offsets.topic.segment.bytes=104857600
offsets.load.buffer.size=5242880
offsets.commit.required.acks=-1
offsets.commit.timeout.ms=5000
```

동작원리

다음은 위의 파라미터에 대한 설명이다.

- `auto.create.topics.enable`: 기본값은 true다. 존재하지 않는 토픽에 대한 메타데이터를 가져오거나 메시지가 생성됐다고 가정해보자. 이 값이 true라면 토픽은 자동으로 생성될 것이다. 운영환경에서는 이 값을 false로 설정한다.

- `controlled.shutdown.enable`: 기본값은 true다. 이 값이 true인 경우 브로커 상에서 종료^{shutdown} 기능이 호출되면, 해당 리더^{leader}는 모든 리더를 다른 브로커로 안정적으로 이동시킨다. 이 값이 true일 경우 가용성이 향상된다.

- `controlled.shutdown.max.retries`: 기본값은 3이다. 강제로 종료하기 전에 브로커가 정상적으로 제어되는 종료를 시도하는 최대 횟수다.

- `controlled.shutdown.retry.backoff.ms`: 기본값은 5000이다. 어떤 장애(컨트롤러 장애조치: fail over, 복제 지연 등)가 발생했다고 가정했을 때, 장애가 발생한 상태로부터 복구^{recovery}시키기 전에 대기하는 시간을 지정한다.

- `auto.leader.rebalance.enable`: 기본값은 true다. 이 값이 true인 경우 브로커는 자동으로 브로커 간에 파티션 리더를 조정^{balance}한다. 주기적인 간격으로 백그라운드 스레드가 점검하며, 필요하다면 리더의 조정과 함께 가용한 각 파티션의 우선되는 복제에 대한 리더를 설정하도록 트리거한다.

- `leader.imbalance.per.broker.percentage`: 기본값은 10이다. 이 값은 퍼센트 단위로 지정되며, 브로커 당 허용 가능한 리더 불균형^{imbalance}을 나타낸다(리더 불균형은 나중에 설명한다). 퍼센트 값이 이 설정값보다 커지면, 해당 클러스터는 리더를 리밸런스^{rebalance} 한다.

- `leader.imbalance.check.interval.seconds`: 기본값은 300이다. 컨트롤러가 리더의 불균형을 점검하는 주기다.

- `offset.metadata.max.bytes`: 기본값은 4096이다. 메타데이터를 오프셋 커밋과 함께 저장하도록 클라이언트에 허용되는 최대 크기다.

- `max.connections.per.ip`: 기본값은 2147483647이다. 개별 IP로부터 브로커가 허용하는 최대 연결수다.

- `connections.max.idle.ms`: 기본값은 600000이다. 유휴 연결의 시간초과 설정이다. 서버 소켓 프로세서 스레드는 이 값보다 더 오랫동안 연결이 유휴 상태이면 연결을 종료한다.

- `unclean.leader.election.enable`: 기본값은 true다. 이 값이 true인 경우 ISR이 아닌 복제는 리더가 될 수 있으며, 데이터를 손실할 가능성이 있다.

- `offsets.topic.num.partitions`: 기본값은 50이다. 오프셋 커밋 토픽에 대한 파티션 수다. 이 값은 시스템이 구성된 이후에 변경될 수 없다.

- `offsets.retention.minutes`: 기본값은 1440이다. 오프셋을 유지하는 로그 보존 기간이다. 이 값을 넘기면 해당 오프셋은 삭제될 오프셋으로 표시된다.

- `offsets.retention.check.interval.ms`: 기본값은 60000이다. 오래된 오프셋을 점검하는 주기다.

- `offsets.topic.replication.factor`: 기본값은 3이다. 오프셋이 커밋되는 토픽에 대한 복제수를 지정한다. 이 값이 클수록 가용성은 증가한다. 앞의 레시피에서 봤듯이 브로커의 수가 복제 팩터보다 작으면 복제 개수는 브로커 수와 동일해진다.

- `offsets.topic.segment.bytes`: 기본값은 104857600이다. 오프셋 토픽에 대한 세그먼트 크기를 나타낸다. 이 값이 작을수록 로그 압축과 캐시cache 불러오기가 빠르다.

- `offsets.load.buffer.size`: 기본값은 5242880이다. 오프셋을 캐시로 불러올 때 오프셋 세그먼트를 읽으면서 사용하는 배치batch 크기다.

- `offsets.commit.required.acks`: 기본값은 -1이다. 오프셋을 커밋하기 전에 필요한 ACKacknowledgement 수를 나타낸다. ACK가 필요 없다는 뜻인 기본값 -1을 그대로 사용하지 않을 것을 권한다.

- `offsets.commit.timeout.ms`: 기본값은 5000이다. 이 값은 해당 오프셋 토픽의 모든 복제가 커밋을 수신할 때까지 지연되는 시간이며, 지연이 이 값에 도달하면 시간초과가 된다. 프로듀서에 대한 `request.timeout.ms`와 유사하다.

추가정보

브로커에 대해 더 많은 설정이 있으며, http://kafka.apache.org/documentation.html #brokerconfigs에서 자료를 참고할 수 있다.

02

카프카 클러스터

2장에서는 다음의 주제를 다룬다.

- 단일 노드 – 단일 브로커 클러스터 구성: SNSB
- SNSB: 토픽, 프로듀서, 컨슈머 생성하기
- 단일 노드 – 다중 브로커 클러스터 구성: SNMB
- SNMB: 토픽, 프로듀서, 컨슈머 생성하기
- 다중 노드 – 다중 브로커 구성: MNMB

▌ 소개

1장에서 아파치 카프카 게시–구독publisher-subscriber 메시징 시스템을 어떻게 프로그램하는지 설명했다. 아파치 카프카에는 세 가지 유형의 클러스터가 있다.

- 단일 노드 – 단일 브로커single-node single-broker
- 단일 노드 – 다중 브로커single-node multiple-broker
- 다중 노드 – 다중 브로커multiple-node multiple-broker 클러스터

다음의 네 가지 레시피는 위와 같은 클러스터를 어떻게 구동하는지 보여준다.

▌ 단일 노드 – 단일 브로커 클러스터 구성: SNSB

첫 번째로 다룰 클러스터는 **단일 노드 – 단일 브로커(SNSB)**로 구성된다. 이 클러스터는 단일 진입점entry이 필요할 때 유용하다. 물론 이런 구조는 독립적인 단일 서버 설계 형태와 비슷하다. SNSB 클러스터는 보통 다음의 세 가지 요구사항을 만족시킨다.

- 유일한 공유 브로커에 동시 접근을 제어한다.
- 서로 다른 기종의 여러 프로듀서에서 브로커로의 접근을 요청한다.
- 오직 한 개의 브로커만 존재한다.

제안된 설계가 위에서 단지 한두 개의 요구사항만 만족시킨다면, 대부분 다시 설계하는 것이 옳은 선택이다.

가끔은 단일 브로커가 병목이 되거나 단일 장애 지점single point of failure이 되기도 한다. 하지만 단일 지점을 통한 통신이 필요하다면 여전히 유용하다.

준비사항

카프카 설치 디렉터리로 이동한다(맥OS 사용자: /usr/local/kafka/, 리눅스 사용자: /opt/kafka/).

```
> cd /usr/local/kafka
```

구현방법

다음 그림은 SNSB 클러스터의 사례를 보여준다.

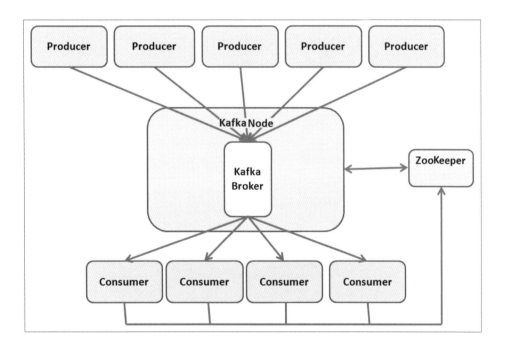

주키퍼 시작하기

1. 단일 주키퍼 인스턴스^{Zookeeper instance}를 구동하기 위해 카프카는 간단한 주키퍼 설정 파일을 제공한다. 주키퍼 인스턴스를 설치하려면 다음의 명령어를 사용한다.

```
> bin/zookeeper-server-start.sh config/zookeeper.properties
```

2. zookeeper.properties 파일에 지정된 주요 설정은 다음과 같다.
   - clientPort: 클라이언트 요청을 대기 중인 포트다. 주키퍼는 기본값으로 2181 TCP 포트를 사용한다.

   ```
   clientPort=2181
   ```

      - dataDir: 주키퍼가 저장되는 디렉터리다.

      ```
      dataDir=/tmp/zookeeper
      ```

      - maxClientCnxns: IP 당 최대 연결수다(이 값이 0이면 무제한이다).

      ```
      maxClientCnxns=0
      ```

 아파치 주키퍼에 대한 더 자세한 정보는 프로젝트 홈페이지 http://zookeeper.apache.org/에서 참고할 수 있다.

브로커 시작하기

3. 주키퍼가 시작되면 카프카 브로커를 다음 명령어를 사용해 시작한다.

```
> bin/kafka-server-start.sh config/server.properties
```

4. server.properties 파일에 지정된 주요 설정은 다음과 같다.

- ○ broker.id: 개별 브로커에 대해 양의 정수로 된 고유한 식별자다.

```
broker.id=0
```

- ○ log.dir: 로그 파일을 저장하는 경로다.

```
log.dir=/tmp/kafka10-logs
```

- ○ num.partitions: 토픽 당 로그 파티션의 수다.

```
num.partitions=2
```

- ○ port: 소켓 서버가 사용할 포트 번호다.

```
port=9092
```

- ○ zookeeper.connect: 주키퍼 연결 URL이다.

```
zookeeper.connect=localhost:2181
```

동작원리

카프카는 브로커, 토픽, 파티션에 대한 메타데이터 정보를 저장하기 위해 주키퍼를 사용한다. 주키퍼에 기록하는 내용은 오직 컨슈머 그룹의 멤버십 변경이나 카프카 클러스터자신의 변경에 관한 것이다.

위와 같이 트래픽 양은 최소화됐으며, 단일 카프카 클러스터에 반드시 전용 주키퍼가 필요한 것은 아니다. 실은 여러 개의 구축된 카프카 클러스터를 제어하기 위해 하나의 주키퍼를 사용한다(각 클러스터에 chroot 주키퍼 경로를 사용한다).

추가정보

주키퍼는 카프카를 시작하기 전에 반드시 서버에서 동작 중이어야 한다. 카프카를 시작할 때마다 주키퍼를 시작하는 것을 피하려면, 운영체제에서 자동으로 시작되는 서비스로 구성한다.

참고자료

- server.properties 템플릿(전체 카프카 프로젝트를 포함해서)은 https://github. com/apache/kafka/blob/trunk/config/server.properties에서 온라인 자료를 참고할 수 있다.

▌ SNSB: 토픽, 프로듀서, 컨슈머 생성하기

지금 SNSB 카프카 클러스터는 실행 중이다. 이제 토픽, 프로듀서producer, 컨슈머consumer를 생성해보자.

준비사항

이전 레시피가 완료돼 있어야 한다.

- 카프카는 이미 설치돼 있다.
- 주키퍼가 실행 중이다.
- 카프카 서버가 실행 중이다.
- 카프카 설치 디렉터리로 이동한다(맥OS 사용자: /usr/local/kafka/, 리눅스 사용자: / opt/kafka/).

```
> cd /usr/local/kafka
```

구현방법

다음의 과정은 SNSB 토픽, 프로듀서, 컨슈머를 생성하는 방법을 보여준다.

토픽 생성하기

1. 이미 알고 있듯이 카프카는 토픽을 생성하는 명령어가 있다. 여기서는 SNSBTopic 으로 한 개의 파티션과 한 개의 복제와 함께 생성하도록 한다.

   ```
   > bin/kafka-topics.sh --create --zookeeper localhost:2181 --
   replication-factor 1 --partitions 1 --topic SNSBTopic
   ```

   다음과 같은 출력이 표시된다.

   ```
   Created topic "SNSBTopic".
   ```

   명령어에 사용된 파라미터는 다음과 같다.
   - --replication-factor 1: 한 개의 복제를 나타낸다.
   - --partition 1: 한 개의 파티션을 나타낸다.
   - --zookeeper localhost:2181: 주키퍼 URL을 나타낸다.

2. 역시 알고 있는 내용이지만, 다음의 명령어를 사용해 카프카 서버의 토픽 목록 을 가져온다.

   ```
   > bin/kafka-topics.sh --list --zookeeper localhost:2181
   ```

출력은 다음과 같다.

```
SNSBTopic
```

프로듀서 시작하기

3. 카프카는 명령줄 도구에서 입력을 받고, 각각의 입력 라인을 메시지로서 게시하는 프로듀서를 실행하기 위한 명령어를 갖고 있다.

```
> bin/kafka-console-producer.sh --broker-list localhost:9092 --topic
SNSBTopic
```

이 명령은 두 개의 파라미터가 필요하다.

- broker-list: 연결할 브로커 URL이다.
- topic: 토픽 구독자에게 메시지를 전송할 토픽 이름

4. 이제 다음의 명령줄 입력을 해보자.

```
The best thing about a boolean is [Enter]
even if you are wrong [Enter]
you are only off by a bit. [Enter]
```

예상되는 출력은 다음과 같다.

```
The best thing about a boolean is
even if you are wrong
you are only off by a bit
```

producer.properties 파일은 프로듀서 설정을 포함한다. producer.properties 파일에 정의된 일부 중요한 설정은 다음과 같다.

- metadata.broker.list: host1:port1, host2:port2 형식으로 클러스터 정보를 처리하기 위한 브로커 목록이다.

```
metadata.broker.list=localhost:9092
```

- compression.codec: 압축 코덱, 예를 들면 none, gzip, snappy 등을 설정한다.

```
compression.codec=none
```

컨슈머 시작하기

5. 카프카는 컨슈머 클라이언트를 시작하는 명령어를 갖고 있다. 해당 토픽에 대해 구독하자마자 다음과 같은 출력을 보여준다.

```
> bin/kafka-console-consumer.sh --zookeeper localhost:2181 --topic
SNSBTopic --from-beginning
```

from-beginning 파라미터가 전체 로그를 표시한다는 점을 유념한다.

```
The best thing about a boolean is
even if you are wrong
you are only off by a bit.
```

consumer.properties 파일에 정의된 중요한 속성이 하나 있다.

- group.id: 이 문자열 값은 동일한 그룹 내의 컨슈머를 식별한다.

```
group.id=test-consumer-group
```

동작원리

이번 레시피에서는 이전 레시피에서 생성한 SNSB 클러스터를 테스트하기 위해 토픽, 프로듀서, 컨슈머를 생성했다.

추가정보

여기서 사용한 기술을 갖고 놀아볼 때가 왔다. 주키퍼와 브로커, 2개의 프로듀서, 2개의 컨슈머를 위한 새로운 명령창을 열자. 프로듀서에서 몇 개의 메시지를 입력하고 컨슈머에서 어떻게 표시되는지 살펴보자. 어떻게 명령어를 실행하는지 기억나지 않으면, 아무런 인수argument를 넣지 말고 명령어를 실행해 각 파라미터에 대해 가능한 값을 표시해보자.

▌단일 노드 – 다중 브로커 클러스터 구성: SNMB

두 번째 클러스터 구성은 **단일 노드 – 다중 브로커**(SNMB)다. 이런 클러스터는 단일 노드지만 내부적으로 중복성redundancy이 필요한 경우에 사용된다.

카프카에서 토픽이 생성되면, 해당 시스템은 개별 파티션의 복제가 각각의 브로커에 어떻게 매핑mapping될지 결정한다. 일반적으로 카프카는 모든 가용한 브로커에게 복제를 확장시키고자 한다.

메시지는 나머지 브로커에게 복제되기 전에, 파티션의 첫 번째 복제(이 파티션의 현재 브로커 리더)로 먼저 전송된다.

프로듀서는 메시지를 전송할 방법(동기 또는 비동기 방식)을 고를 수 있다. 프로듀서는 주키퍼에 등록한 와처watcher로 클러스터 내에서 가용한 브로커와 각각의 파티션을 찾는다.

실용적 측면에서 대용량의 토픽은 브로커 당 한 개 이상의 파티션으로 구성된다. 더 많은 파티션 수는 입출력에 대한 병렬처리 능력을 향상시키며, 또한 컨슈머에 대한 병렬처리(파티션은 컨슈머에 대한 데이터 분배 단위다)도 향상된다는 점을 유념하자.

다른 한편으로 파티션의 수를 늘리는 것은 다음과 같은 이유로 부하를 증가시킨다.

- 파일이 많을수록 더 많은 열린 파일 핸들러^{handler}가 발생한다.
- 컨슈머가 확인할 더 많은 오프셋이 생기므로 주키퍼의 부하가 증가한다.

이렇게 상충되는 조건의 균형을 맞추는 것이 기술이다.

준비사항

카프카 설치 디렉터리로 이동한다(맥OS 사용자: /usr/local/kafka/, 리눅스 사용자: /opt/kafka/).

```
> cd /usr/local/kafka
```

다음의 그림은 SNMB 클러스터 사례를 보여준다.

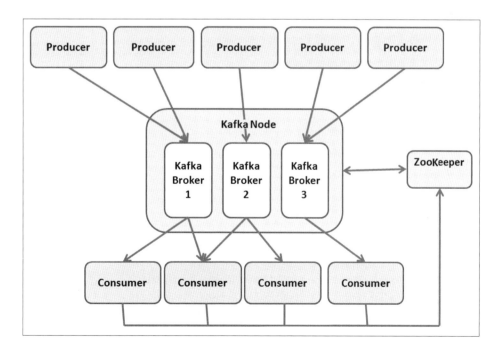

구현방법

1. 다음과 같이 주키퍼 서버를 시작한다.

```
> bin/zookeeper-server-start.sh config/zookeeper.properties
```

각 브로커에 대해 다른 server.properties 파일이 필요하다. server-1.properties, server-2.properties, server-3.properties 등(원래 이런 식으로 하는 것 아닐까?)의 이름을 사용해보자.

개별 파일은 원본 server.properties 파일을 복사한 것이다.

2. server-1.properties 파일에서 다음의 속성을 설정한다.

   - broker.id=1
   - port=9093
   - log.dir=/tmp/kafka-logs-1

3. 비슷한 방법으로 server-2.properties 파일의 속성을 다음과 같이 설정한다.

   - broker.id=2
   - port=9094
   - log.dir=/tmp/kafka-logs-2

4. 마지막으로 server-3.properties 파일의 속성을 다음과 같이 설정한다.

   - broker.id=3
   - port=9095
   - log.dir=/tmp/kafka-logs-3

5. 주키퍼가 실행 중인 상태에서 세 개의 명령어를 사용해 카프카 브로커를 시작한다.

```
> bin/kafka-server-start.sh config/server-1.properties
> bin/kafka-server-start.sh config/server-2.properties
> bin/kafka-server-start.sh config/server-3.properties
```

동작원리

이제 SNMB 클러스터가 실행 중이다. 브로커는 동일한 카프카 노드에서 실행 중이고 포트 번호는 9093, 9094, 9095를 사용한다.

추가정보

이후의 레시피에서는 토픽, 프로듀서, 컨슈머를 어떻게 생성하는지 설명한다.

참고자료

파일을 삭제했을 경우에 원본 파일은 https://github.com/apache/kafka/blob/trunk/config/server.properties 링크에 있다.

▌ SNMB: 토픽, 프로듀서, 컨슈머 생성하기

SNMB 카프카 클러스터가 실행 중이다. 이제 토픽, 프로듀서, 컨슈머를 생성해보자.

준비사항

이전 레시피가 실행돼 있어야 한다.

- 카프카는 이미 설치돼 있다.
- 주키퍼는 실행 중이다.
- 카프카가 실행 중이다.
- 이제 카프카 설치 디렉터리로 이동한다(맥OS 사용자: /usr/local/kafka/, 리눅스 사용자: /opt/kafka/).

```
> cd /usr/local/kafka
```

구현방법

다음의 과정은 SNMB 토픽, 프로듀서, 컨슈머를 생성하는 방법을 보여준다.

토픽 생성하기

1. 이미 아는 내용이지만 카프카는 토픽을 생성하는 명령어가 있다. 여기서는 SNSBTopic이라는 이름으로 가진 두 개의 파티션과 두 개의 복제를 갖는 토픽을 생성한다.

```
> bin/kafka-topics.sh --create --zookeeper localhost:2181 --
replication-factor 2 --partitions 3 --topic SNMBTopic
```

출력은 다음과 같다.

```
Created topic "SNMBTopic"
```

위 명령은 다음과 같은 효과가 있다.

- 카프카는 해당 토픽에 대해서 세 개의 논리적 파티션을 생성한다.
- 카프카는 파티션 당 두 개의 복제copies를 생성한다. 이것은 개별 파티션에 대해서 복제를 보유한 두 개의 브로커를 선정한다는 것을 의미한다. 각각의 파티션에 대해 카프카는 임의로 브로커 리더leader를 선택한다.

2. 이제 카프카에 가용한 토픽의 목록을 물어보자. 목록에는 이제 새로 생성한 SNMBTopic이 포함돼 있다.

```
> bin/kafka-topics.sh --zookeeper localhost:2181 --list SNMBTopic
```

프로듀서 시작하기

3. 이제 프로듀서를 시작한다. broker-list에서 더 많은 브로커를 지정하는 것은 쉽다.

```
> bin/kafka-console-producer.sh --broker-list localhost:9093,
localhost:9094, localhost:9095 --topic SNMBTopic
```

여러 브로커에 연결하는 다중 프로듀서를 실행할 필요가 있다면, 각각의 프로듀서에 대해 다른 브로커를 지정한다.

컨슈머 시작하기

4. 컨슈머를 시작하려면 다음의 명령어를 사용한다.

```
> bin/kafka-console-consumer.sh -- zookeeper localhost:2181 --from-
beginning --topic SNMBTopic
```

동작원리

중요한 것은 두 개의 파라미터인 replication-factor, partitions다. replication-factor는 생성된 토픽에서 각각의 파티션이 갖는 복제수다. partitions는 생성된 토픽의 파티션 수다.

추가정보

클러스터 설정을 모르거나 기억이 나지 않는다면, kafka-topics 명령어에 describe 파라미터를 사용해보면 도움이 된다.

```
> bin/kafka-topics.sh --zookeeper localhost:2181 --describe --topic
SNMBTopic
```

출력은 다음과 유사할 것이다.

```
Topic:SNMBTopic PartitionCount:3 ReplicationFactor:2 Configs:
    Topic: SNMBTopic Partition: 0 Leader: 2 Replicas: 2,3 Isr:3,2
    Topic: SNMBTopic Partition: 1 Leader: 3 Replicas: 3,1 Isr:1,3
    Topic: SNMBTopic Partition: 2 Leader: 1 Replicas: 1,2 Isr:1,2
```

위 출력에 대해 설명해본다. 첫 번째 줄은 모든 파티션에 대한 요약이다. 각 라인은 한 개의 파티션에 대한 정보를 제공한다. 여기서는 토픽이 세 개의 파티션을 갖고 있기 때문에 세 줄로 출력됐다.

- Leader: 이 노드는 특정 파티션에 대한 모든 읽기와 쓰기 동작에 대해서 책임을 진다. 각 노드에 대해 임의로 선택된 섹션이 리더가 된다.
- Replicas: 특정 파티션에 대해 현재 동작 여부와 상관없이 로그를 중복시키는 노드의 목록이다.
- Isr: 동기화 상태의 복제^{in-sync replicas}를 말한다. 현재 동작 중인 복제의 하위 세트이고, 리더를 따른다.

참고자료

- create, delete, describe, 토픽 변경 등과 같은 옵션을 살펴보려면 다음의 명령어를 파라미터 없이 실행한다.

```
> bin/kafka-topics.sh
```

▎다중 노드 – 다중 브로커 구성: MNMB

마지막으로 세 번째 클러스터 구성인 **다중 노드 – 다중 브로커**(MNMB)를 알아보자. 이 클러스터는 여러 개의 노드와 노드마다 한 개 이상의 브로커를 갖는 경우에 사용된다.

준비사항

카프카 설치 디렉터리로 이동한다(맥OS 사용자: /usr/local/kafka/, 리눅스 사용자: /opt/kafka/).

```
> cd /usr/local/kafka
```

구현방법

다음 그림은 MNMB 클러스터의 사례를 보여준다.

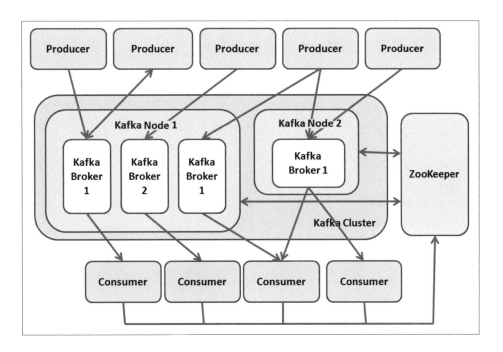

여기서는 클러스터의 진정한 힘을 볼 수 있다. 이 클러스터에서 카프카는 클러스터 내의 모든 서버에 설치돼야 한다. 모든 물리적 서버는 한 개 이상의 브로커를 가질 수 있다. 동일한 클러스터 상의 모든 노드는 반드시 동일한 주키퍼에 연결한다.

동작원리

한 가지 좋은 소식은 앞에서 사용한 모든 레시피의 명령어와 동일하다는 사실이다. 주키퍼, 브로커, 프로듀서, 컨슈머 등에 대한 명령어는 같다.

참고자료

- 카프카 브로커의 전체 속성 목록은 http://kafka.apache.org/documenta tion. html#brokerconfigs 링크를 참고한다.

03

메시지 검사

3장에서는 다음과 같은 주제를 다룬다.

- 이벤트 모델링
- 프로젝트 설정
- 카프카에서 읽어오기
- 카프카에 쓰기
- ProcessingApp 실행
- 검사기 코딩
- 검사기 실행

소개

1, 2장에서는 카프카 클러스터를 구성하고, 프로듀서와 컨슈머를 실행하는 방법에 집중했다. 이제 이벤트 프로듀서가 있으니 이벤트를 처리해보자.

간단히 설명하면, 이벤트 처리는 이벤트 스트림stream에서 한 개 이상의 이벤트를 가져다가 어떤 동작action을 적용하는 것이다. 일반적으로 ESBenterprise service bus는 상용 서비스를 보유하고 있으며, 일반적인 서비스는 다음과 같다.

- 이벤트 처리handling
- 데이터 변환transformation
- 데이터 매핑mapping
- 프로토콜 변환conversion

이러한 이벤트 처리 동작은 다음의 내용을 포함한다.

- 스트림에서 일부 이벤트를 필터하기 위한 이벤트 스트림
- 이벤트 스키마를 통한 이벤트 검사
- 추가 데이터를 사용한 이벤트 정보 확장
- 두 개 이상의 이벤트로부터 새로운 이벤트를 생성하는 이벤트 구성(종합)

3장은 메시지 검사validation에 대해 다루고, 이후 장에서 이벤트 정보 확장enrichment과 구성composition에 대해 다룰 것이다.

구체적인 레시피를 다루기 전에 사례 하나를 살펴보자. 우리가 더블룬Doubloon이라는 암호화폐 교환 회사의 시스템을 모델링한다고 상상해보자. 더블룬은 아파치 카프카를 사용해서 ESBenterprise service bus를 구현하기를 원한다. 시스템의 목표는 사업에 관련된 모든 로그를 통합하는 것이다. 더블룬은 웹사이트가 있고, 주기적으로 고객의 행동에 따라 대응하는 것이 목적이다.

전 세계에서 온라인 고객들이 자신의 통화를 교환하기 위해 더블룬 웹사이트를 방문한다. 방문자들이 웹사이트에서 할 수 있는 작업이 많지만, 여기서는 웹 애플리케이션으로 환율을 조회하는 워크플로workflow에 집중해본다.

▌ 이벤트 모델링

이번 레시피는 JSON 형식으로 이벤트 모델을 설계한다.

준비사항

JSON에 대한 기본 지식이 필요하다.

구현방법

이벤트를 모델링하기 위한 첫 단계는 주어–동사–직접 목적어 형식으로 영어로 표현하는 것이다.

이러한 예로 'customer sees BTC price'라는 이벤트를 모델링해보겠다.

- Customer: 명사이며 문장의 주어다. 영어 문장의 주어는 동작을 수행하는 엔티티entity가 된다.
- Sees: 문장의 동사이며, 주어가 수행한 동작을 설명한다.
- BTC price: 문장의 직접 목적어, 또는 단순한 객체다. 동작이 수행될 엔티티다.

데이터를 표시하는 방식에는 여러 선택이 있는데, 여기서는 JSON을 선택한다. 에이브로Avro, 아파치 쓰리프트Thrift, 프로토콜 버퍼스buffers 등도 사용할 수 있지만 이후의 장에서 다루겠다.

JSON은 사람과 컴퓨터 모두가 쉽게 읽고 쓸 수 있다는 장점이 있다. 예를 들면 데이터를 이진 형식으로 표시할 수 있지만, 사람이 읽기 어렵고 전혀 유연성이 없다. 반면에 이진 형식은 크기 면에서 가볍다.

다음의 간단한 표현은 JSON으로 'customer sees BTC price' 이벤트를 나타낸다.

```
{
    "event": "CUSTOMER_SEES_BTCPRICE",
    "customer": {
        "id": "86689427",
        "name": "Edward S.",
        "ipAddress": "95.31.18.119"
    },
    "currency": {
        "name": "bitcoin",
        "price": "USD"
    },
    "timestamp": "2017-07-03T12:00:35Z"
}
```

동작원리

가끔은 솔루션이 답보다는 질문을 더 많이 만들어낸다. 위와 같이 통화가 달러로 표현된 이유처럼 말이다. 일단 위 이벤트에 JSON으로 제시된 표현은 네 가지 속성을 갖고 있다.

- event: 이벤트 이름을 나타내는 문자열이다.
- customer: 비트코인 가격을 보는 특정 사람(여기서는 Edward)이다. 위에 표현된 내용은 고객의 고유 ID와 이름, 그리고 그가 사용하는 컴퓨터의 브라우저 IP 주소다.
- currency: 이름과 가격이 표현된 통화를 포함한다.

- timestamp: 타임스탬프는 고객이 초 단위로 요청을 전송한 시간이기 때문에, 기본이 되는 항목이다.

다른 측면에서 이 이벤트를 분석해보자. 이 이벤트는 오직 메타데이터인 event, name, timestamp와 두 개의 비즈니스 엔티티인 customer, currency의 두 부분으로 구성된다. 쉽게 알 수 있듯이 이 메시지는 사람이 읽고 이해할 수 있다.

추가정보

여기서 사용된 메시지의 스키마를 다음과 같이 나타낼 수 있다. 다음은 에이브로에서 위와 동일한 유형을 사용하는 모든 메시지의 템플릿이다. 에이브로 스키마로 된 메시지는 다음과 같다.

```
{   "name": "customer_sees_btcprice",
    "namespace": "doubloon.avro",
    "type": "record",
    "fields": [
       { "name": "event", "type": "string" },
       { "name": "customer",
         "type": {
            "name": "id", "type": "long",
            "name": "name", "type": "string",
            "name": "ipAddress", "type": "string"
         }
       },
       { "name": "currency",
         "type": {
            "name": "name", "type": "string",
            "name": "price", "type": {
            "type": "enum", "namespace": "doubloon.avro",
            "name": "priceEnum", "symbols": ["USD", "EUR"]}
         }
```

```
      },
      { "name": "timestamp", "type": "long",
        "logicalType": "timestamp-millis"
      }
  ]
}
```

다음 레시피에서는 아래와 같은 메시지를 사용한다.

```
{   "event": "CUSTOMER_SEES_BTCPRICE",
    "customer": {
        "id": "18313440",
        "name": "Julian A.",
        "ipAddress": "185.86.151.11"
    },
    "currency": {
        "name": "bitcoin",
        "price": "USD"
    },
    "timestamp": "2017-07-04T15:00:35Z"
}
```

또한 다음의 메시지도 사용한다.

```
{   "event": "CUSTOMER_SEES_BTCPRICE",
    "customer": {
        "id": "56886468",
        "name": "Lindsay M.",
        "ipAddress": "186.46.129.15"
    },
    "currency": {
        "name": "bitcoin",
        "price": "USD"
    },
    "timestamp": "2017-07-11T19:00:35Z"
}
```

- 스키마에 대한 더 자세한 정보는 다음의 아파치 에이브로 설명을 참고할 수 있다. http://avro.apache.org/docs/current

프로젝트 설정

코드를 작성하기 전에 스트림 처리 애플리케이션에 대한 프로젝트 요구사항을 먼저 상기해보자. 'customer sees BTC price' 이벤트가 고객의 웹브라우저에서 발생하고, HTTP 이벤트 제어기를 통해 카프카로 들어온다. 이벤트는 더블룬이 제어할 수 있는 영역의 바깥에서 발생한다. 입력 이벤트가 정확한 구조를 갖고 있는지 입력을 검증하는 것이 첫 단계다. 결함이 있는 이벤트는 잘못된 데이터를 생성한다는 점을 유의한다(대부분의 데이터 전문가들은 입력되는 데이터가 깔끔하다면, 수많은 시간을 절약할 수 있다는 데 동의한다).

준비사항

전체적인 스트림 애플리케이션을 생성하기 위한 세부사항은 다음과 같다.

- **원본 메시지**raw-message라고 명명된 카프카 토픽에서 각각의 이벤트를 읽는다.
- 이벤트를 검사하고, 지정된 카프카 토픽으로 **유효하지 않은 메시지**invalid-message를 보낸다.
- 올바른 메시지는 **유효한 메시지**valid-message 토픽에 쓰고, 손상된 메시지는 invalid-message 토픽에 기록한다.

다음 그림은 위의 내용을 세부적으로 보여주는데, 이는 여기서 작성할 스트림 처리 애플리케이션의 초안이다.

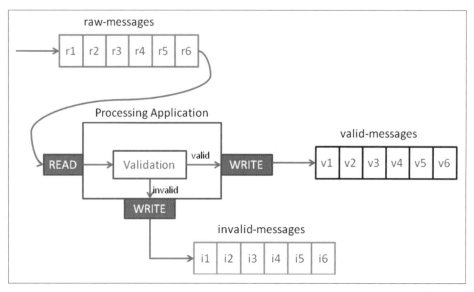

그림 3-1 이 애플리케이션은 raw-messages 토픽에서 이벤트를 읽고, 메시지를 검사하며, 오류가 있는 경우 invalid-messages 토픽으로, 정상적인 이벤트는 valid-messages 토픽으로 라우팅한다.

구현방법

스트림 처리 애플리케이션은 두 단계로 구성된다.

1. 카프카에서 raw-messages 토픽을 읽고 새로운 토픽에 이벤트를 기록하는 단순한 카프카 작업자를 생성한다.
2. 위 카프카 작업자를 수정해 검사 기능을 처리한다.

처음 단계는 http://www.gradle.org/downloads에서 그레이들Gradle을 다운로드해서 설치한다. 그레이들은 Java JDK 또는 JDE 버전 7 이상을 필요로 한다. 다음과 같은 방법으로 그레이들을 설치할 수 있다.

- 맥OS 사용자는 brew 명령어만으로 충분하다.

```
$ brew update && brew install gradle
```

- 리눅스 사용자는 apt-get을 사용한다.

```
$ sudo apt-get install gradle
```

- 유닉스 사용자는 SDKMAN을 사용한다. 대부분의 유닉스 기반의 시스템에서 버전을 병행해서 관리하는 도구다.

```
$ sdk install gradle 4.3
```

수동으로 설치하는 과정은 다음과 같다.

1. 최신 버전을 http://www.gradle.org/downloads에서 binary only를 선택해 다운로드한다. 현재의 최신 버전은 4.3이다.
2. 배포 패키지의 압축을 해제한다.

```
$ mkdir /opt/gradle
$ unzip /opt/gradle gradle-4.3-bin.zip
$ ls /opt/gradle/gradle-4.3
LICENSE NOTICE bin getting-started.html init.d lib media
```

3. 시스템 환경을 설정한다.

```
$ export PATH=$PATH:/opt/gradle/gradle-4.3/bin
```

4. 마지막으로 그레이들이 올바르게 설치됐는지 확인하기 위해 다음 명령어를 입력한다.

```
$ gradle -v
```

출력되는 내용은 다음과 같다.

```
Gradle 4.3
```

다음 단계는 그레이들을 사용해 ProcessingApp이라는 이름으로 프로젝트를 생성하는 것이다.

1. doubloon 디렉터리를 생성하고, 생성된 디렉터리로 이동해서 다음의 명령어를 실행한다.

```
$ gradle init --type java-library
```

출력은 다음과 같다.

```
...
BUILD SUCCESSFUL
...
```

2. 그레이들은 해당 디렉터리에 Library.java와 LibraryTest.java라는 두 개의 자바 파일과 함께 기본 프로젝트를 생성한다. 이 두 파일은 걱정 말고 지워도 좋다. 현재의 디렉터리는 다음과 유사하게 되어 있을 것이다.

```
- build.gradle
- gradle
-- wrapper
--- gradle-wrapper.jar
--- gradle-vreapper.properties
- gradlew
- gradle.bat
- settings.gradle
- src
-- main
--- java
----- Library.java
```

```
-- test
--- java
----- LibraryTest.java
```

3. 이제 build.gradle 이름을 가진 그레이들 빌드 파일을 수정하며, 다음의 코드로
   대체한다.

```
apply plugin: 'java'
apply plugin: 'application'

sourceCompatibility = '1.8'

mainClassName = 'doubloon.ProcessingApp'
repositories {
   mavenCentral()
}

version = '0.1.0'

dependencies {
   compile 'org.apache.kafka:kafka-clients:0.11.0.1'
   compile 'com.fasterxml.jackson.core:jackson-databind:2.6.3'
}
jar {
manifest {
   attributes 'Main-Class': mainClassName
   }
   from {
     configurations.compile.collect {
        it.isDirectory() ? it : zipTree(it)
     }
   } {
      exclude "META-INF/*.SF"
      exclude "META-INF/*.DSA"
      exclude "META-INF/*.RSA"
   }
}
```

동작원리

애플리케이션에 일부 라이브러리 의존성dependency이 더해진다.

- K0afka_2.11: 아파치 카프카를 위해 필요한 의존성이다.
- jackson-databind: JSON 구문분석parsing을 위한 라이브러리다.

소스를 컴파일하고, 필요한 라이브러리를 다운로드하기 위해서는 다음 명령어를 사용한다.

```
$ gradle compileJava
```

출력은 다음과 같다.

```
...
BUILD SUCCESSFUL
...
```

추가정보

이 프로젝트는 메이븐Maven이나 SBT, 심지어 IDE에서도 생성될 수 있다. 하지만 단순하게 하기 위해 그레이들을 사용해 생성했다.

참고자료

- 그레이들 메인 페이지: http://www.gradle.org/
- 메이븐 메인 페이지: http://maven.apache.org/
- SBT 메인 페이지: http://www.scala-sbt.org/

▌ 카프카에서 읽어오기

다음 단계는 카프카 토픽에서 원시 메시지raw-message를 읽어오는 것이다. 카프카에서는 컨슈머가 필요하다. 지난 장에서 토픽에 이벤트를 기록하고 다시 읽어오기 위해서 명령줄 도구를 사용했다. 이번 레시피는 카프카 라이브러리를 사용해 자바로 카프카 컨슈머를 작성해보도록 한다.

준비사항

3장에서 다룬 이전 레시피를 완료한다.

구현방법

1. Consumer.java 파일을 src/main/java/doubloon/ 디렉터리에 다음의 코드를 사용해서 생성한다.

```java
package doubloon;

import java.util.Properties;

import org.apache.kafka.clients.consumer.ConsumerRecords;

public interface Consumer {
    public static Properties createConfig(String servers, String groupId) {
        Properties props = new Properties();
        props.put("bootstrap.servers", servers);
        props.put("group.id", groupId);
        props.put("enable.auto.commit", "true");
        props.put("auto.commit.interval.ms", "1000");
        props.put("auto.offset.reset", "earliest");
        props.put("session.timeout.ms", "30000");
        props.put("key.deserializer",
```

```
        "org.apache.kafka.common.serialization.StringDeserializer");
    props.put("value.deserializer",
        "org.apache.kafka.common.serialization.StringDeserializer");
    return props;
  }

  public ConsumerRecords<String, String> consume();
}
```

Consumer 인터페이스는 모든 카프카 컨슈머의 일반적인 동작을 캡슐화한다. 원칙적으로 Consumer 인터페이스는 컨슈머에 필요한 모든 속성을 설정하는 createConfig 메소드를 갖는다. 카프카 레코드는 키^{key}와 값^{value} 모두 String 형식으로 컨슈머가 읽는 관계로, deserializers는 StringDeserializer 타입이다. consume 메소드는 Reader 클래스에 구현된다.

2. 이제 Reader.java 파일을 src/main/java/doubloon/ 디렉터리에 다음의 코드를 사용해서 생성한다.

```
package doubloon;

import org.apache.kafka.clients.consumer.ConsumerRecords;
import org.apache.kafka.clients.consumer.KafkaConsumer;

public class Reader implements Consumer {

  private final KafkaConsumer<String, String> consumer; // 1
  private final String topic;

  public Reader(String servers, String groupId, String topic) {
    this.consumer = new KafkaConsumer<String,
      String>(Consumer.createConfig(servers, groupId));this.topic
        =topic;
  }

  @Override
```

```
public ConsumerRecords<String, String> consume() {
    this.consumer.subscribe(java.util.Arrays.asList(this.topic)); // 2
    ConsumerRecords<String, String> records =consumer.poll(100); // 3
    return records;
}
}
```

동작원리

Reader는 Consumer 인터페이스를 상속해 사용하므로, 카프카 컨슈머다.

위에서 언급했듯이, 1번 줄에 <String, String>은 키와 값 모두 문자열 형식으로 된 카프카 레코드를 카프카 컨슈머가 읽는다는 것을 의미한다. 2번 줄에 Consumer는 생성자 constructor에 지정된 카프카 토픽을 구독한다. 3번 줄에서 poll은 100밀리초의 시간 초과 설정을 가지고, 토픽이나 파티션에서 데이터를 가져온다.

여기서 Consumer는 주어진 카프카 토픽에서 레코드를 읽어오고, 메소드를 호출해 그들을 전송한다. 모든 속성은 Consumer 인터페이스에 지정돼 있지만, groupId 속성은 특정 컨슈머 그룹과 여기의 Consumer를 연결해주기 때문에 특히 중요하다.

컨슈머 그룹은 모든 그룹 멤버에게 토픽의 이벤트를 공유할 필요가 있을 때 유용하다. 또한 컨슈머 그룹은 여러 인스턴스의 그룹을 만들거나 반대로 인스턴스를 격리하고자 할 때에도 유용하다.

추가정보

이제 리더reader를 갖고 있고, 다음 레시피에서는 리더가 없다면 아무것도 못하는 writer를 작성해보자.

참고자료

- 카프카 컨슈머 API에 대한 더 자세한 내용은 https://kafka.apache.org/0110/javadoc/index.html 페이지를 열고, 화면의 왼쪽 아래에서 KafkaConsumer를 검색한다.

▌ 카프카에 쓰기

앞의 레시피에서 Reader는 process 메소드를 호출하는 부분이 있었다. 이 메소드는 Producer 클래스에 속한다. 이번 레시피에서는 Writer 클래스를 설명한다.

준비사항

3장에서 다룬 이전 레시피를 완료한다.

구현방법

Consumer 인터페이스를 갖고 했듯이, 여러 기능을 유연하게 관리하기 위해서는 Producer 인터페이스가 필요하다. 3장에서 다루는 두 개의 프로듀서는 Producer 인터페이스를 상속한다. 이 인터페이스는 프로듀서의 일반적인 모든 동작을 구분한다.

다음의 내용을 src/main/java/doubloon/Producer.java 파일에 복사한다.

```java
package doubloon;

import java.util.Properties;

public interface Producer {
```

```
public void produce(String message); // 1

public static Properties createConfig(String servers) { // 2
    Properties props = new Properties();
    props.put("bootstrap.servers", servers);
    props.put("acks", "all");
    props.put("retries", 0);
    props.put("batch.size", 1000);
    props.put("linger.ms", 1);
    props.put("key.serializer",
        "org.apache.kafka.common.serialization.StringSerializer");
    props.put("value.serializer",
        "org.apache.kafka.common.serialization.StringSerializer");
    return props;
  }
}
```

Producer 인터페이스는 다음과 같은 세부 기능을 갖는다.

- 1번 줄에서 produce 메소드는 Writer 클래스에서 상속됐고, 지정된 토픽의 프로
  듀서에게 메시지를 전송한다.
- 2번 줄에 createConfig라는 정적인 메소드는 자신의 컨슈머에 대응해, 일반적인
  프로듀서를 위해 필요한 속성을 설정한다.

이제 컨슈머를 갖고 Producer 인터페이스를 상속해서 구현해야 한다. 여기서의 첫 버전은
유입되는 원본 메시지를 단순하게 두 번째 토픽에 그대로 전송한다. 다음의 코드를 src/
main/java/doubloon/Writer.java 파일로 저장한다.

```
package doubloon;

import org.apache.kafka.clients.producer.*;

public class Writer implements Producer {
```

```
    private final KafkaProducer<String, String> producer;
    private final String topic;

    public Writer(String servers, String topic) {
        this.producer = new KafkaProducer<String,
            String>(Producer.createConfig(servers)); // 1
        this.topic = topic;
    }

    @Override
    public void produce(String message) { //2
        ProducerRecord<String, String> pr = new ProducerRecord<String,
            String>(topic, message);
        producer.send(pr);
    }
}
```

동작원리

여기서 구현된 내용은 다음과 같은 기능을 갖는다.

- 1번 줄에서 createConfig 메소드는 Producer 인터페이스로부터 필요한 속성을 설정하기 위해 호출된다.
- 2번 줄에서 produce 메소드는 단순히 들어오는 메시지를 출력용 토픽에 기록한다. 토픽에 메시지가 도착하면 대상 토픽으로 복제된다.

여기서 구현된 Producer는 그 자체로 기능이 설명된다. 들어오는 메시지를 변경이나 검사하지 않고, 덧붙이는 것 없이 그대로 대상 토픽에 기록한다.

추가정보

이제 읽기와 쓰기 모두 갖고 있다. 다음 레시피는 이 모든 것을 실행해본다.

참고자료

카프카 프로듀서 API에 대한 더 자세한 내용은 https://kafka.apache.org/0110/javadoc/index.html에 방문해 화면 왼쪽 아래에서 KafkaProducer를 검색한다.

▌ ProcessingApp 실행

앞의 레시피에서 Writer 클래스를 작성했다. 이번 레시피에서는 모두 컴파일해서 실행해본다.

준비사항

3장에서 다룬 이전 레시피를 완료한다.

구현방법

ProcessingApp은 Reader와 Writer 클래스로 조정한다. main 메소드를 포함하도록 하고, 위 클래스를 실행한다. src/main/java/doubloon/ProcessingApp.java 파일을 생성하고, 다음 코드를 추가한다.

```
package doubloon;

import org.apache.kafka.clients.consumer.ConsumerRecord;
import org.apache.kafka.clients.consumer.ConsumerRecords;

public class ProcessingApp {

    public static void main(String[] args) {
        String servers = args[0];
        String groupId = args[1];
```

```
        String sourceTopic = args[2];
        String targetTopic = args[3];

        Reader reader = new Reader(servers, groupId, sourceTopic);
        Writer writer = new Writer(servers, targetTopic);

        while (true) { // 1
            ConsumerRecords<String, String> consumeRecords =
                reader.consume();
            for (ConsumerRecord<String, String> record : consumeRecords) {
                writer.produce(record.value()); // 2
            }
        }
    }
}
```

동작원리

ProcessingApp은 명령줄 입력에서 네 개의 인수를 받는다.

- args[0] servers: 카프카 브로커의 호스트와 포트를 지정한다.

- args[1] group id: Consumer가 속한 카프카 컨슈머 그룹을 지정한다.

- args[2] source topic: Reader가 읽어올 위치다.

- args[3] target topic: Writer가 기록할 위치다.

1번 줄에서 while(true) 반복문 실행에 대해 두려워하는 사람이 좀 있을 것 같다. 하지만 여기서는 예제의 시연을 위해 필요하다. 2번 줄에서는 모든 메시지를 Producer가 처리하도록 전송한다.

프로젝트를 빌드하려면 doubloon 디렉터리에서 다음의 명령어를 실행한다.

```
$ gradle jar
```

모든 과정이 잘 진행되었다면, 다음과 같이 출력될 것이다.

```
...
BUILD SUCCESSFUL
Total time: ...
```

프로젝트를 실행하려면 여섯 개의 다른 명령창을 연다. 명령창은 다음의 그림과 같다.

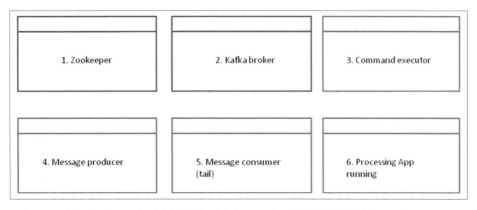

그림 3-2 주키퍼, 카프카 브로커, 명령어 실행기, 메시지 프로듀서, 메시지 컨슈머와 작성된 애플리케이션을 테스트하기 위한 6개의 명령창

첫 번째 명령창에서 카프카 설치 디렉터리로 이동하고, 다음을 입력한다.

```
$ bin/zookeeper-server-start.sh config/zookeeper.properties
```

두 번째 명령창에서 카프카 설치 디렉터리로 이동하고, 다음을 입력한다.

```
$ bin/kafka-server-start.sh config/server.properties
```

세 번째 명령창에서 카프카 설치 디렉터리로 이동하고, 여기서 필요한 두 개의 토픽을 생성한다.

- $ bin/kafka-topics.sh --create --zookeeper localhost:2181
  --replication-factor 1 --partitions 1 --topic source-topic
- $ bin/kafka-topics.sh --create --zookeeper localhost:2181
  --replication-factor 1 --partitions 1 --topic target-topic

list 파라미터는 다음과 같이 현재 존재하는 토픽을 보여준다는 점을 유념하자.

```
$ bin/kafka-topics.sh --list --zookeeper localhost:2181
```

또한 원하지 않는 토픽을 제거(알겠지만, 모든 사람은 실수를 한다)하기 위해 다음과 같이 수행한다.

```
$ bin/kafka-topics.sh --delete --zookeeper localhost:2181 --topic unWantedTopic
```

네 번째 명령창에서는 source-topic 토픽을 가진 브로커를 시작한다.

```
$ bin/kafka-console-producer.sh --broker-list localhost:9092 --topic source-topic
```

이전의 명령창이 입력 메시지를 입력하는 곳이다.

다섯 번째 명령창에서는 target-topic을 대기^{listening}하는 컨슈머 스크립트를 실행한다.

```
$ bin/kafka-console-consumer.sh --bootstrap-server localhost:9092 --from-
beginning --topic target-topic
```

여섯 번째 명령창에서는 애플리케이션을 시작한다. 프로젝트의 루트 디렉터리(그레이들 jar 명령어를 실행했던)로 이동하고, 다음과 같이 실행한다.

```
$ java -jar ./build/libs/doubloon-0.1.0.jar localhost:9092
vipConsumersGroup source-topic target-topic
```

이제 무대가 준비되었고, 마법이 일어나기 직전이다. 이번 동작은 모든 이벤트를 source-topic에서 읽어 와서 target-topic에 기록한다.

네 번째 명령창(콘솔 프로듀서)으로 가서, 다음과 같은 세 개의 메시지를 전송한다(메시지마다 엔터를 눌러 한 개씩 실행한다).

```
{"event": "CUSTOMER_SEES_BTCPRICE", "customer": {"id": "86689427", "name":
"Edward S.", "ipAddress": "95.31.18.119"}, "currency": {"name": "bitcoin",
"price": "USD"}, "timestamp": "2017-07-03T12:00:35Z"}

{"event": "CUSTOMER_SEES_BTCPRICE", "customer": {"id": "18313440", "name":
"Julian A.", "ipAddress": "185.86.151.11"}, "currency": {"name": "bitcoin",
"price": "USD"}, "timestamp": "2017-07-04T15:00:35Z"}

{"event": "CUSTOMER_SEES_BTCPRICE", "customer": {"id": "56886468", "name":
"Lindsay M.", "ipAddress": "186.46.129.15"}, "currency": {"name":
"bitcoin", "price": "USD"}, "timestamp": "2017-07-11T19:00:35Z"}
```

진행이 잘 되었다면, 프로듀서 콘솔에서 입력된 메시지는 컨슈머 창에 표시돼 있을 것이다.

추가정보

다음 단계는 나중에 다루게 될 메시지 검사와 메시지 기능 확장(4장)과 메시지 변환(5장) 등을 포함하는 더 복잡한 버전이다.

다음 레시피는 처리 중인 애플리케이션을 종료(여섯 번째 창에서 Ctrl + Z)하고, 다른 명령창은 그대로 둔다.

- 지금까지의 내용을 보면, 복제 팩터와 파티션 파라미터는 1로 설정된다. 이제 다른 값을 시도해보자. 8장, '카프카 운영'에서는 온전히 파라미터 처리에 대해서만 다룬다.

검사기 코딩

다음 레시피는 단순한 카프카 프로듀서-컨슈머로부터, 유효성 검사^{validation}와 라우팅을 위한 카프카 메시지 스트림 프로세서로 발전시키는 내용이다.

준비사항

3장에서 이전 레시피를 실행해야 한다.

구현방법

훌륭한 아키텍처는 유연성이 있다. '카프카에 쓰기' 레시피에서 Writer 클래스는 Producer 인터페이스를 상속해 구현된다. 여기서는 Writer로 시작해 최소한의 노력으로 더욱 세련된 클래스를 제작한다. 우리가 사용할 Validator의 목적을 상기해보자.

- source-message 토픽에서 카프카 메시지를 읽어온다.
- 메시지를 검사하고, 문제가 있는 메시지는 다른 토픽으로 전송한다.
- 정상 메시지를 good-messages 토픽에 쓴다.

간단하게 하기 위해 유효한 메시지의 정의는 다음과 같다.

- JSON 형식이다.
- 네 개의 필수 필드인 event, customer, currency, timestamp를 갖는다.

이 같은 조건을 갖추지 못하면 JSON 형식으로 새로운 오류 메시지를 생성하고, 잘못된 이벤트의 카프카 토픽으로 전송한다. 오류 메시지의 스키마는 매우 간단하다.

```json
{"error": "Failure description" }
```

첫 단계는 다음 코드를 src/main/java/doubloon/Validator.java로 복사하는 것이다.

```java
package doubloon;

import java.io.IOException;

import org.apache.kafka.clients.producer.KafkaProducer;
import org.apache.kafka.clients.producer.ProducerRecord;

import com.fasterxml.jackson.databind.JsonNode;
import com.fasterxml.jackson.databind.ObjectMapper;

public class Validator implements Producer {

    private final KafkaProducer<String, String> producer;
    private final String goodTopic;
    private final String badTopic;

    protected static final ObjectMapper MAPPER = new ObjectMapper();

    public Validator(String servers, String goodTopic, String badTopic) { // 1
        this.producer = new KafkaProducer<String,
            String>(Producer.createConfig(servers));
        this.goodTopic = goodTopic;
```

```java
        this.badTopic = badTopic;
    }


    @Override
    public void produce(String message) { //2
        ProducerRecord<String, String> pr = null;
        try {
            JsonNode root = MAPPER.readTree(message);
            String error = "";
            error = error.concat(validate(root, "event"));
            error = error.concat(validate(root, "customer"));
            error = error.concat(validate(root, "currency"));
            error = error.concat(validate(root, "timestamp"));
            // TO_DO: implement for the inner children

            if (error.length() > 0) {
                pr = new ProducerRecord<String, String>(this.badTopic,
                    "{\"error\": \" " + error + "\"}"); // 3
            } else {
                pr = new ProducerRecord<String, String>(this.goodTopic,
                    MAPPER.writeValueAsString(root));// 4
            }
        } catch (IOException e) {
            pr = new ProducerRecord<String, String>(this.badTopic,
                "{\"error\": \"" + e.getClass().getSimpleName() + ": "
                    + e.getMessage() + "\"}"); // 5
        } finally {
            if (null != pr) {
                producer.send(pr);
            }
        }
    }


    private String validate(JsonNode root, String path) {
        if (!root.has(path)) {
            return path.concat(" is missing. ");
        }
```

```
    JsonNode node = root.path(path);
        if (node.isMissingNode()) {
            return path.concat(" is missing. ")
    }

    return "";
  }

}
```

Validator 클래스의 세부 기능은 다음과 같다.

- 1번 줄에서 생성자는 두 개의 토픽 good, bad을 갖춘다.
- 2번 줄의 produce 메소드는 메시지가 JSON 형식이 맞는지 검사하고, event, customer, currency, timestamp 필드가 존재하는지 검사한다.
- 3번 줄에서는 메시지가 필수 필드를 포함하지 않는 경우에 오류 메시지를 bad 메시지 토픽으로 전달한다.
- 4번 줄에서 메시지가 정상일 경우, good 메시지 토픽으로 전송한다.
- 5번 줄에서 메시지가 JSON 형식이 아닌 경우에는 오류 메시지가 bad 메시지 토픽으로 전송된다.

추가정보

이제는 독자가 무엇인가 해볼 차례다. 단지 네 개의 핵심 노드만이 아니라, 내부 하위 노드의 유효성 검사도 수행해봐야 한다.

참고자료

- 모든 유효성 검사의 아키텍처는 3장의 첫 번째 그림에서 설명했다.

▌ 검사기 실행

이전 레시피에서 Validator 클래스를 작성했다. 이번 레시피에서는 모두 컴파일해서 실행한다.

준비사항

3장에서 다룬 이전 레시피를 실행해야 한다.

구현방법

여기서 ProcessingApp은 Reader와 Writer 클래스로 조정한다. main 메소드를 포함하며, 위 클래스를 실행한다. src/main/java/doubloon/ProcessingApp.java에 위치한 파일을 편집해야 하는데, 다음 코드를 사용해서 수정한다.

```java
package doubloon;

import org.apache.kafka.clients.consumer.ConsumerRecord;
import org.apache.kafka.clients.consumer.ConsumerRecords;

public class ProcessingApp {

    public static void main(String[] args) {
        String servers = args[0];
        String groupId = args[1];
        String sourceTopic = args[2];
        String goodTopic = args[3];
        String badTopic = args[4];

        Reader reader = new Reader(servers, groupId, sourceTopic);
        Validator validator = new Validator(servers, goodTopic, badTopic);
```

```
    while (true) {
      ConsumerRecords<String, String> consumeRecords = reader.consume();
      for (ConsumerRecord<String, String> record : consumeRecords) {
        validator.produce(record.value());
      }
    }
  }
}
```

동작원리

ProcessingApp은 명령줄 입력에서 이번에는 다섯 개의 인수를 받는다.

- args[0] servers: 카프카 브로커의 호스트와 포트를 지정한다.
- args[1] group id: Consumer가 속한 카프카 컨슈머 그룹을 지정한다.
- args[2] source topic: Reader 토픽이 읽어올 위치다.
- args[3] good topic: 정상 메시지가 전송될 토픽이다.
- args[4] bad topic: 잘못된 메시지가 전송될 토픽이다.

프로젝트를 빌드하려면 doubloon 디렉터리에서 다음의 명령어를 실행한다.

```
$ gradle jar
```

모든 과정이 잘 진행됐다면, 다음과 같이 출력될 것이다.

```
...
BUILD SUCCESSFUL
Total time: ...
```

프로젝트를 실행하려면 앞에서 다룬 레시피처럼 여섯 개의 다른 명령창을 연다. 명령창은 다음 그림과 같다.

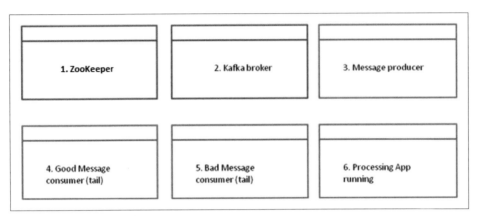

그림 3-3 주키퍼, 카프카 브로커, 메시지 프로듀서, 정상 메시지 컨슈머, 오류 메시지 컨슈머, 작성된 애플리케이션을 테스트하기 위한 6개의 명령창

첫 번째 명령창은 카프카 설치 디렉터리에서 다음 명령을 실행 중이다.

```
$ bin/zookeeper-server-start.sh config/zookeeper.properties
```

두 번째 명령창은 카프카 설치 디렉터리에서 다음 명령을 실행 중이다.

```
$ bin/kafka-server-start.sh config/server.properties
```

세 번째 명령창에서 카프카 설치 디렉터리로 이동하고, 여기서 필요한 두 개의 토픽을 생성한다.

- `$ bin/kafka-topics.sh --create --zookeeper localhost:2181 --replication-factor 1 --partitions 1 --topic good-topic`
- `$ bin/kafka-topics.sh --create --zookeeper localhost:2181 --replication-factor 1 --partitions 1 --topic bad-topic`

이제 source-topic 토픽을 가진 브로커를 시작한다.

```
$ bin/kafka-console-producer.sh --broker-list localhost:9092 --topic source-topic
```

이전의 명령창이 입력 메시지를 입력하는 곳이다.

네 번째 명령창에서는 good-topic을 대기(listening)하는 컨슈머 스크립트를 실행한다.

```
$ bin/kafka-console-consumer.sh --bootstrap-server localhost:9092 --from-
beginning --topic good-topic
```

다섯 번째 명령창에서는 bad-topic을 대기하는 컨슈머 스크립트를 실행한다.

```
$ bin/kafka-console-consumer.sh --bootstrap-server localhost:9092 --from-
beginning --topic bad-topic
```

여섯 번째 명령창에서는 애플리케이션을 시작한다. 프로젝트의 루트 디렉터리(그레이들 jar 명령어를 실행했던)로 이동하고, 다음과 같이 실행한다.

```
$ java -jar ./build/libs/doubloon-0.1.0.jar localhost:9092
vipConsumersGroup source-topic good-topic bad-topic
```

네 번째 명령창(콘솔 프로듀서)으로 가서, 다음과 같은 세 개의 메시지를 전송한다(메시지마다 엔터를 눌러 한 개씩 실행한다).

```
{"event": "CUSTOMER_SEES_BTCPRICE", "customer": {"id": "86689427", "name":
"Edward S.", "ipAddress": "95.31.18.119"}, "currency": {"name": "bitcoin",
"price": "USD"}, "timestamp": "2017-07-03T12:00:35Z"}

{"event": "CUSTOMER_SEES_BTCPRICE", "customer": {"id": "18313440", "name":
```

"Julian A.", "ipAddress": "185.86.151.11"}, "currency": {"name": "bitcoin", "price": "USD"}, "timestamp": "2017-07-04T15:00:35Z"}

{"event": "CUSTOMER_SEES_BTCPRICE", "customer": {"id": "56886468", "name": "Lindsay M.", "ipAddress": "186.46.129.15"}, "currency": {"name": "bitcoin", "price": "USD"}, "timestamp": "2017-07-11T19:00:35Z"}

위의 메시지는 문제가 없으므로 프로듀서 콘솔에 입력된 메시지는 반드시 컨슈머 콘솔에 나타날 것이다.

이제 나쁜 메시지를 보내보자. 우선 JSON 형식이 아닌 것부터 시작한다.

```
I am not JSON, I am IT. [enter]
Hello! [enter]
```

이 메시지는 잘못된 메시지 토픽에 수신돼야 한다.

{"error": "JsonParseException: Unrecognized token ' I am not JSON, I am IT.': was expecting 'null','true', 'false' or NaN
at [Source: I am not JSON, I am IT.; line: 1, column: 4]"}

다음으로 타임스탬프를 제외한 경우와 같은 더 복잡한 메시지를 시도해보자.

{"event": "CUSTOMER_SEES_BTCPRICE", "customer": {"id": "86689427", "name": "Edward S.", "ipAddress": "95.31.18.119"}, "currency": {"name": "bitcoin", "price": "USD"}}

이 메시지 또한 잘못된 메시지용 토픽에 수신돼야 한다.

추가정보

이 레시피는 유효성 검사를 수행한다. 아마 더 많은 검사할 내용이 보이겠지만, JSON 스키마를 검사하는 내용은 4장에서 다룬다.

참고자료

- 유효성을 검사하는 세부 구조는 3장의 첫 번째 그림에 설명돼 있고, 4장에서 더 자세히 다룬다.
- 3장에서 다룬 아키텍처는 메시지의 기능적 확장을 위해 4장에서 다시 설계할 것이다.

04

메시지 정보 확장

4장에서는 다음과 같은 레시피를 다룬다.

- 지리적 위치 추출기
- 지리적 위치 확장
- 통화 금액 추출기
- 통화 금액 확장
- 통화 금액 확장기 실행
- 이벤트 모델링
- 프로젝트 설정
- 날씨 정보 추출기 열기

- 위치별 온도 확장
- 위치별 온도 확장기 실행

▌ 소개

3장에서는 카프카로 메시지의 유효성 검사를 어떻게 수행하는지 다뤘다. 4장에서는 메시지의 정보를 확장하고, 5장에서는 메시지의 구성을 다룬다. 4장에서 또한 암호화폐 교환을 위한 가상 회사인 더블룬Doubloon 시스템의 모델링을 계속 이어간다.

여기서는 에너지 생산과 공급을 위한 가상의 회사인 트루Treu Technologies를 소개한다. 트루는 매우 많은 **사물인터넷**IoT, internet of things 장치를 운영하고 있다.

트루는 또한 아파치 카프카로 ESBenterprise service bus를 구축하기를 원한다. 장비와 센서를 통해 분 단위로 수신한 메시지를 관리하기 위해서다. 트루는 수백 개의 장비에서 분마다 수천 개의 다양한 메시지를 ESB를 통해 전송한다.

3장에서는 더블룬 메시지의 유효성 검사 기능이 구현됐다. 4장에서는 기능을 더 확장한다. 여기서의 정보 확장enriching이란 메시지에 추가 정보를 더한다는 의미다. 다음에 등장할 레시피에서 메시지는 맥스마인드MaxMind의 지리적 정보 데이터베이스를 사용해 고객의 지리적 위치 정보가 더해진다. 간단하지만 효과적인 예제다.

개별 메시지는 고객이 사용하는 컴퓨터의 IP 주소를 포함한다. 업무 요구사항을 만족시키기 위해서 맥스마인드라는 회사는 IP주소를 지리적 위치로 매핑하는 무료 데이터베이스를 제공한다. 여기서는 프로그램이 고객이 요청한 위치를 결정하기 위해 맥스마인드의 GeoIP 데이터베이스에서 고객의 IP 주소를 사용해 조회한다. 메시지에 대해서 알고리즘이나 부수적인 데이터를 추가하기 위한 외부 데이터 소스를 사용하는 것이 메시지 정보 확장이다.

▌ 지리적 위치 추출기

더블룬에는 메시지가 올바르게 생성됐는지 검사하는 서비스가 있다. 하지만 이제부터는 고객의 위치에서 유효성을 검사하는 업무가 추가됐다. 간단한 작업이며, **비트 라이선스**bit license라고 부르는 이 과정은 지리적 위치에 따라 가상 화폐 활동을 제한하는 것이다. 기록 하는 순간에 정해진 규정을 뉴욕 거주자로 제한한다. 이를 위해 뉴욕 주에 거주하거나 사업장이 위치하거나, 또는 사업장을 갖고 있다면 뉴욕 거주자로 포함시킨다.

준비사항

3장, '메시지 검사'에 있는 레시피의 실행이 필요하다.

구현방법

1. 첫 단계로 3장에서 생성한 더블룬 프로젝트에 build.gradle 파일을 열고, 다음 코드를 추가한다.

```
apply plugin: 'java'
apply plugin: 'application'
sourceCompatibility = '1.8'

mainClassName = 'doubloon.ProcessingApp'

repositories {
    mavenCentral()
}

version = '0.2.0'

dependencies {
    compile 'org.apache.kafka:kafka-clients:0.11.0.1'
```

```
    compile 'com.maxmind.geoip:geoip-api:1.2.14'
    compile 'com.fasterxml.jackson.core:jackson-databind:2.6.3'
}

jar {
    manifest {
        attributes 'Main-Class': mainClassName
    }

    from {
        configurations.compile.collect {
            it.isDirectory() ? it : zipTree(it)
        }
    } {
        exclude "META-INF/*.SF"
        exclude "META-INF/*.DSA"
        exclude "META-INF/*.RSA"
    }
}
```

첫 번째 변경사항은 0.1.0에서 0.2.0 버전으로 바꾼 것이다. 두 번째 변경은 맥스마인드의 GeoIP API를 프로젝트에 추가하는 것이다.

2. 앱을 다시 빌드하려면 프로젝트의 루트 디렉터리에서 다음의 명령을 실행한다.

```
$ gradle jar
```

출력은 다음과 같다.

```
...
BUILD SUCCESSFUL
Total time: 24.234 secs
```

3. 맥스마인드 무료 GeoIP 데이터베이스를 다음의 명령어를 사용해 다운로드한다.

```
$ wget
"http://geolite.maxmind.com/download/geoip/database/GeoLiteCity.dat
.gz"
```

4. 압축을 해제하려면 다음의 명령을 입력한다.

```
$ gunzip GeoLiteCity.dat.gz
```

지금 사용하는 프로그램이 접근할 수 있는 위치에 GeoLiteCity.dat 파일을 놓는다.

5. 다음 단계로 src/main/java/doubloon/extractors 디렉터리에 GeoIP.java 파일을 생성해서 다음의 내용을 넣는다.

```java
package doubloon.extractors;

import com.maxmind.geoip.Location;
import com.maxmind.geoip.LookupService;
import java.io.IOException;
import java.util.logging.Level;
import java.util.logging.Logger;

public class GeoIP {

    private static final String MAXMINDDB = "/path to GeoLiteCity.dat
        file";

    public Location getLocation(String ipAddress) {

        try {
            LookupService maxmind = new LookupService(MAXMINDDB,
                LookupService.GEOIP_MEMORY_CACHE);
            Location location = maxmind.getLocation(ipAddress);
```

```
            return location;
        } catch (IOException ex) {
            Logger.getLogger(GeoIP.class.getName()).log(Level.SEVERE,
                null, ex);
        }

        return null;
    }

}
```

동작원리

GeoIP 클래스는 IP주소 문자열을 수신하고, 해당 IP주소를 GeoIP 위치 데이터베이스에서 찾는 getLocaion이라는 퍼블릭 메소드를 갖고 있다. 이 메소드는 지정된 IP주소의 지리적 위치에 대한 Location 객체를 반환한다.

추가정보

어떤 이유로 인해 위의 데이터베이스를 다운로드 할 수 없는 경우에는 API를 사용해 맥스마인드의 서비스를 사용할 수 있다. 이 API의 사용법은 https://dev.maxmind.com/에서 볼 수 있다.

맥스마인드는 또한 온라인 사기를 감지하는 흥미로운 솔루션도 갖고 있다.

참고자료

- 맥스 마인드 사이트: https://www.maxmind.com/

- 비트 라이선스 규제에 관한 프레임워크에 관심이 있다면, http://www.dfs.ny.gov/legal/regulations/bitlicense_reg_framework.htm 사이트를 방문한다.

지리적 위치 확장

스트림 처리 앱에 대한 더블룬 프로젝트 요구사항을 상기해보자. customer sees BTC price 이벤트는 고객의 웹브라우저에서 발생하고, HTTP 이벤트 수집기를 통해 카프카에 도달한다. 두 번째 과정은 지리적 위치 정보를 갖고 메시지의 정보를 확장하는 것이다. 3장에서 결함이 있는 메시지는 잘못된 결과를 유발하므로 걸러졌다는 사실을 유념한다.

준비사항

전체적으로 요약하면 다음의 기능을 수행하는 스트림 애플리케이션을 만들어 보는 것이다.

- raw-messages라는 이름의 카프카 토픽에서 각각의 메시지를 읽어온다.
- 메시지 유효성을 검사하고, invalid-messages로 지정된 카프카 토픽에 문제가 있는 메시지를 전송한다.
- 지리적 위치 정보로 메시지 정보를 확장한다.
- 확장된 메시지를 valid-messages라는 이름의 카프카 토픽에 기록한다.

위의 내용은 다음의 그림에 설명돼 있으며, 스트림 처리 애플리케이션의 두 번째 버전이다.

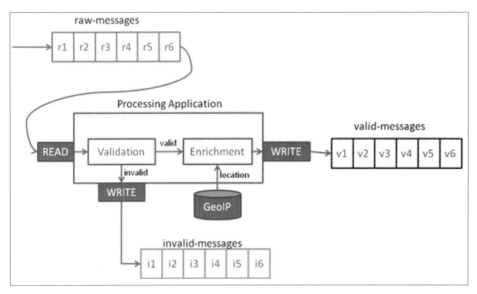

그림 4-1 스트림 처리 애플리케이션은 raw-messages 토픽에서 이벤트를 읽고, 메시지의 유효성을 검사한 후, 오류는 invalid-messages 토픽으로 보낸다. 정상 이벤트는 메시지를 지리적 위치 정보를 갖고 확장해 valid-messages 토픽에 기록한다.

구현방법

다음의 내용으로 src/main/java/doubloon/ 디렉터리에 Enricher.java 파일을 생성한다.

```
package doubloon;

import com.fasterxml.jackson.databind.*;
import com.fasterxml.jackson.databind.node.ObjectNode;
import com.maxmind.geoip.Location;
import doubloon.extractors.GeoIP;

import java.io.IOException;
```

```java
import org.apache.kafka.clients.producer.*;

public class Enricher implements Producer {

    private final KafkaProducer<String, String> producer;
    private final String goodTopic;
    private final String badTopic;

    protected static final ObjectMapper MAPPER = new ObjectMapper();

    public Enricher(String servers, String goodTopic,
        String badTopic) {
        this.producer = new KafkaProducer(
            Producer.createConfig(servers));
        this.goodTopic = goodTopic;
        this.badTopic = badTopic;
    }

    @Override
    public void process(String message) {

        try {
            JsonNode root = MAPPER.readTree(message);
            JsonNode ipAddressNode = root.path("customer").path("ipAddress");
            if (ipAddressNode.isMissingNode()) {
//1
                Producer.write(this.producer, this.badTopic,
                    "{\"error\": \"customer.ipAddress is missing\"}");
            } else {
                String ipAddress = ipAddressNode.textValue();

                Location location = new GeoIP().getLocation(ipAddress);
//2
                ((ObjectNode) root).with("customer").put("country",
                    location.countryName);
//3
                ((ObjectNode) root).with("customer").put("city", location.city);
                Producer.write(this.producer, this.goodTopic,
```

```
                MAPPER.writeValueAsString(root));
//4
        }
    } catch (IOException e) {
        Producer.write(this.producer, this.badTopic, "{\"error\": \""
            + e.getClass().getSimpleName() + ": " + e.getMessage() +
                "\"}");
    }
  }

}
```

동작원리

Enricher는 Producer 인터페이스를 상속해 구현되므로, 카프카 프로듀서다.

- 메시지의 고객정보 이하에 IP주소가 없으면, 자동으로 invalid-messages 큐로 전송된다.
- Enricher는 GeoIP 클래스의 getLocation 메소드를 호출한다.
- Location의 country, city는 customer 노드에 추가된다.
- 확장된 메시지는 valid-messages 토픽에 기록된다.

추가정보

이제 완성된 enricher를 갖고 있으므로, 이후 레시피에서는 다음 버전을 만들어보자.

참고자료

- Location 객체는 더 많은 정보를 갖고 있다. 여기서는 country, city만 추출했지만, 정밀함이 더욱 요구되는 경우에는 어떻게 해야 할지 생각해보자.

- 여기서는 매우 간단하게 검사했다. 이 시스템의 올바른 운영을 보장하기 위해 어떠한 검사가 더 필요할지 생각해보자.

통화 금액 추출기

이제는 더블룬의 메시지 검사 서비스가 준비됐다. 또한 이 서비스는 고객의 지리적 위치를 갖고 메시지 정보를 확장할 수 있다. 지금부터는 요청된 통화 금액을 올바로 반환하는 업무가 필요하다.

준비사항

4장의 이전 레시피를 실행한다.

구현방법

https://openexchangerates.org/에서 Open Exchange Rate 페이지를 연다. 무료 API 키를 얻기 위해 무료 사용 계획을 등록한다. 이 키는 무료 API를 사용하기 위해 필요하다.

src/main/java/doubloon/extractors 디렉터리에 OpenExchange.java 파일을 생성하고 다음의 내용을 넣는다.

```
package doubloon.extractors;

import com.fasterxml.jackson.databind.JsonNode;
import com.fasterxml.jackson.databind.ObjectMapper;
import java.io.IOException;
import java.net.MalformedURLException;
import java.net.URL;
import java.util.logging.Level;
```

```
import java.util.logging.Logger;

public class OpenExchange {
    private static final String API_KEY = "API_KEY_VALUE";
//1
    protected static final ObjectMapper MAPPER = new ObjectMapper();
    public double getPrice(String currency) {
        try {
            URL url = new
URL("https://openexchangerates.org/api/latest.json?app_id=" + API_KEY);
//2
            JsonNode root = MAPPER.readTree(url);
            JsonNode node = root.path("rates").path(currency);
//3
            return Double.parseDouble(node.toString());
//4
        } catch (MalformedURLException ex) {
            Logger.getLogger(OpenExchange.class.getName()).log(Level.SEVERE,
                null, ex);
        } catch (IOException ex) {
            Logger.getLogger(OpenExchange.class.getName()).log(Level.SEVERE,
                null, ex);
        }
        return 0;
    }
}
```

동작원리

OpenExchange 클래스는 통화currency 문자열을 받아서, 해당 통화의 달러 금액을 반환하는
getPrice 퍼블릭 메소드를 갖고 있다. 구체적인 기능은 다음과 같다.

- 환전 API를 사용하려면 API 키가 필요하다. 무료 등록이며, 한 달에 1000회 요청
  까지 무료로 제공한다. 위의 코드에서 자신의 API 키 값으로 대체한다.

- 현재의 통화 금액을 확인하려면 https://openexchangerates.org/api/latest. json?app_id=YOUR_API_KEY 사이트를 방문한다.
- 이 URL은 JSON을 반환하며, 특정 통화를 찾아 분석한다.
- 요청에 대해 미국 달러 금액이 반환된다.

추가정보

Open Exchange Rates는 API를 통해 서비스가 공개돼 있다. API 사용법은 https://docs.openexchangerates.org/ 사이트를 참고할 수 있다.

참고자료

- JSON을 분석하는 방법은 다양하며, 이 주제만을 다루는 책이 있다. 예를 들면 JSON을 분석할 때 Jackson을 사용하기도 한다. 더 자세한 정보는 https://github.com/FasterXML 사이트를 참고한다.
- Open Exchange Rates의 무료 계획을 여기서 예제로 활용했다. 더 정확하고 제약이 없는 API 사용이 필요하면, https://openexchangerates.org/signup에서 내용을 확인한다.

▌ 통화 금액 확장

customer sees BTC price 이벤트는 고객의 웹브라우저에서 발생하고, HTTP 이벤트 수집기를 통해 카프카에 전달된다. 두 번째 과정은 위치 정보를 갖고 메시지의 정보를 확장하는 것이다. 세 번째 과정은 통화 금액으로 메시지 정보를 확장한다.

준비사항

정리해보면 여기서 생성할 스트림 애플리케이션은 다음과 같은 기능을 갖는다.

- raw-messages 카프카 토픽에서 각각의 메시지를 읽어온다.
- 메시지의 유효성을 검사해서 무효 메시지는 카프카에 지정된 invalid-messages 토픽으로 전송한다.
- 지리적 정보와 통화 금액을 가지고 메시지 정보를 확장한다.
- 확장된 메시지를 valid-messages 카프카 토픽에 기록한다.

다음 그림에서 위의 내용을 상세하게 스트림 애플리케이션의 최종 버전으로 보여준다.

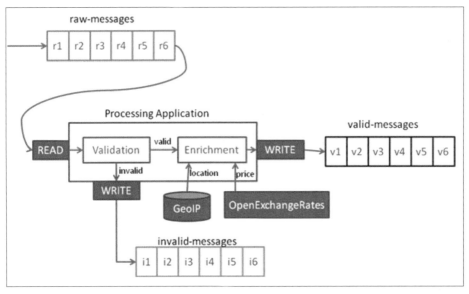

그림 4-2 애플리케이션은 raw-messages 토픽에서 이벤트를 읽어서 유효성을 검사한 후 오류는 invalid-messages 토픽으로 보낸다. 지리적 정보와 금액으로 메시지 정보를 확장하고, 최종적으로 valid-messages 토픽에 기록한다.

구현방법

다음의 내용으로 src/main/java/doubloon/ 디렉터리에 있는 Enricher.java 파일을 수정한다.

```java
package doubloon;

import com.fasterxml.jackson.databind.*;
import com.fasterxml.jackson.databind.node.ObjectNode;
import com.maxmind.geoip.Location;
import doubloon.extractors.GeoIP;
import doubloon.extractors.OpenExchange;

import java.io.IOException;

import org.apache.kafka.clients.producer.*;

public class Enricher implements Producer {

    private final KafkaProducer<String, String> producer;
    private final String goodTopic;
    private final String badTopic;

    protected static final ObjectMapper MAPPER = new ObjectMapper();

    public Enricher(String servers, String goodTopic,
        String badTopic) {
        this.producer = new KafkaProducer(
            Producer.createConfig(servers));
        this.goodTopic = goodTopic;
        this.badTopic = badTopic;
    }

    @Override
    public void process(String message) {

        try {
```

```
            JsonNode root = MAPPER.readTree(message);
            JsonNode ipAddressNode = root.path("customer").path("ipAddress");
            if (ipAddressNode.isMissingNode()) {
//1
                Producer.write(this.producer, this.badTopic,
                    "{\"error\": \"customer.ipAddress is missing\"}");
            } else {
                String ipAddress = ipAddressNode.textValue();

                Location location = new GeoIP().getLocation(ipAddress);
                ((ObjectNode) root).with("customer").put("country",
                    location.countryName);
                ((ObjectNode) root).with("customer").put("city", location.city);

                OpenExchange oe = new OpenExchange();
//2
                ((ObjectNode) root).with("currency").put("rate",
                    oe.getPrice("BTC"));
//3
                Producer.write(this.producer, this.goodTopic,
                    MAPPER.writeValueAsString(root));
//4
            }
        } catch (IOException e) {
            Producer.write(this.producer, this.badTopic, "{\"error\": \""
                + e.getClass().getSimpleName() + ": " + e.getMessage() +
                "\"}");
        }
    }
}
```

동작원리

Enricher는 Producer 인터페이스를 상속해 구현됐으므로, 카프카 프로듀서다.

- 메시지가 customer 항목에 IP주소를 갖고 있지 않으면, 자동으로 invalid-messages 큐로 전송한다.
- Enricher는 추출기 역할을 하는 OpenExchange 클래스의 인스턴스를 생성한다.
- Enricher는 OpenExchange 클래스의 getPrice 메소드를 호출한다.
- currency BTC의 price는 price 항목의 currency 노드에 추가된다.
- 확장된 메시지는 valid-messages 토픽에 기록된다.

추가정보

더블룬의 최종 Enricher를 준비했다. 여기서 볼 수 있듯이 이러한 파이프라인 구조는 이 같은 확장기능을 위한 입력 추출기로 활용된다. 다음 레시피는 전체 프로젝트를 실행하는 방법을 보여준다.

참고자료

- JSON 응답은 더 많은 정보를 갖고 있다는 점을 유념한다. 여기의 예제는 BTC 가격만 사용했다. 공개 데이터를 제공하는 입장에서는 많은 공개 데이터베이스를 무료로 온라인에서 제공하고 있다.

▌ 통화 금액 확장기 실행

앞의 레시피에서 Enricher의 최종 버전이 작성됐다. 이번 레시피에서 모두 컴파일하고 실행한다.

준비사항

4장의 이전 레시피를 실행한다.

구현방법

ProcessingApp 클래스는 Reader, Writer 클래스를 활용한다. 또한 해당 클래스를 실행하는 main 메소드를 포함한다. 새로운 src/main/java/doubloon/ProcessingApp.java 파일을 생성하고, 다음의 코드를 넣는다.

```java
package doubloon;

import java.io.IOException;

public class ProcessingApp {
    public static void main(String[] args) throws IOException{
        String servers = args[0];
        String groupId = args[1];
        String sourceTopic = args[2];
        String goodTopic = args[3];
        String badTopic = args[4];
        Reader reader = new Reader(servers, groupId, sourceTopic);
        Enricher enricher = new Enricher(servers, goodTopic, badTopic);
        reader.run(enricher);
    }
}
```

동작원리

ProcessingApp은 명령줄에서 다섯 개의 인수를 받는다.

- arg[0] servers: 카프카 브로커 호스트와 포트 번호를 지정한다.

- arg[1] group id: 해당 컨슈머가 속한 카프카 컨슈머 그룹을 지정한다.
- arg[2] source topic: 리더^{reader}가 읽어올 토픽을 지정한다.
- arg[3] good topic: 정상적인 메시지가 전송될 토픽을 지정한다.
- arg[4] bad topic: 잘못된 메시지가 전송될 토픽을 지정한다.

더블룬 디렉터리의 프로젝트를 빌드하려면, 다음의 명령을 실행한다.

```
$ gradle jar
```

모두 정상적으로 진행되었다면, 다음과 같은 출력이 표시된다.

```
...
BUILD SUCCESSFUL
Total time: ...
```

프로젝트를 실행하기 위해 이전 레시피처럼 여섯 개의 명령창을 준비한다. 다음의 그림은 명령창을 어떻게 준비하는지 보여준다.

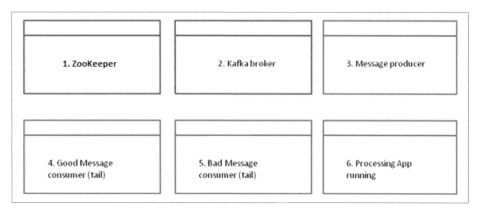

그림 4-3 주키퍼(Zookeeper), 카프카 브로커, 메시지 프로듀서, 정상 메시지 컨슈머, 오류 메시지 컨슈머를 포함하는 애플리케이션을 테스트하기 위한 여섯 개의 창이다.

첫 번째 명령창에서 카프카 디렉터리에 있는 주키퍼를 실행한다.

```
$ bin/zookeeper-server-start.sh config/zookeeper.properties
```

두 번째 명령창에서 카프카 디렉터리에 있는 브로커를 실행한다.

```
$ bin/kafka-server-start.sh config/server.properties
```

세 번째 명령창에서는 카프카 설치 디렉터리로 이동해서 여기서 필요한 두 개의 토픽을
생성한다.

- ```
  $ bin/kafka-topics.sh --create --zookeeper localhost:2181 --
  replication-factor 1 --partitions 1 --topic good-topic
  ```
- ```
  $ bin/kafka-topics.sh --create --zookeeper localhost:2181 --
  replication-factor 1 --partitions 1 --topic bad-topic
  ```

다음으로 source-topic 토픽을 실행하는 브로커를 시작한다.

```
$ bin/kafka-console-producer.sh --broker-list localhost:9092 --topic
source-topic
```

현재의 창에서 입력 메시지를 넣을 것이다.

네 번째 명령창에서는 good-topic을 대기하는 컨슈머 스크립트를 시작한다.

```
$ bin/kafka-console-consumer.sh --bootstrap-server localhost:9092 --from-
beginning --topic good-topic
```

다섯 번째 명령창에서는 bad-topic을 대기하는 컨슈머 스크립트를 시작한다.

```
$ bin/kafka-console-consumer.sh --bootstrap-server localhost:9092 --from-
beginning --topic bad-topic
```

여섯 번째 명령창에서 실제 처리를 위한 애플리케이션을 시작한다. 프로젝트 루트 디렉터리(그레이들 jar 명령어를 실행했던)로 이동하고, 다음을 실행한다.

```
$ java -jar ./build/libs/doubloon-0.2.0.jar localhost:9092
vipConsumersGroup source-topic good-topic bad-topic
```

네 번째 명령창(콘솔-프로듀서)으로 가서 세 개의 메시지를 전송한다(메시지마다 엔터를 눌러 한 개씩 실행한다).

```
{"event": "CUSTOMER_SEES_BTCPRICE", "customer": {"id": "86689427", "name":
"Edward S.", "ipAddress": "95.31.18.119"}, "currency": {"name": "bitcoin",
"price": "USD"}, "timestamp": "2017-07-03T12:00:35Z"}

{"event": "CUSTOMER_SEES_BTCPRICE", "customer": {"id": "18313440", "name":
"Julian A.", "ipAddress": "185.86.151.11"}, "currency": {"name": "bitcoin",
"price": "USD"}, "timestamp": "2017-07-04T15:00:35Z"}
```

이들은 정상 메시지이므로, 콘솔-프로듀서 창에 입력된 메시지는 good-topic 콘솔-프로듀서 창에 정보가 잘 확장돼 표시된다.

```
{"event":"CUSTOMER_SEES_BTCPRICE","customer":{"id":"86689427","name":"Edwar
d S.","ipAddress":"95.31.18.119","country":"Russian
Federation","city":"Moscow"},"currency":{"name":"bitcoin","price":"USD","ra
te":1.2132252E-4},"timestamp":"2017-07-03T12:00:35Z"}

{"event":"CUSTOMER_SEES_BTCPRICE","customer":{"id":"18313440","name":"Julia
```

n A.","ipAddress":"185.86.151.11","country":"United
Kingdom","city":"London"},"currency":{"name":"bitcoin","price":"USD","rate"
:1.2132252E-4},"timestamp":"2017-07-04T15:00:35Z"}

{"event":"CUSTOMER_SEES_BTCPRICE","customer":{"id":"56886468","name":"Lindsay
M.","ipAddress":"186.46.129.15","country":"Ecuador","city":"Quito"},"curren
cy":{"name":"bitcoin","price":"USD","rate":1.2132252E-4},"timestamp":"2017-
07-11T19:00:35Z"}

▌ 이벤트 모델링

이번 레시피는 트루^{Treu} 메시지를 JSON 형식으로 모델링하는 방법을 보여준다.

준비사항

이 레시피는 JSON에 대한 기본 지식이 필요하다.

구현방법

앞에서 언급했듯이 트루라는 기업은 지속적으로 자신의 상태를 제어 센터에 전송하는 많은 사물인터넷 장비를 갖고 있다.

이러한 장비는 전기를 생산하는 데 사용된다. 그러므로 트루는 장비의 정확한 온도와 상태(실행, 종료, 시작, 차단 등)를 아는 것이 매우 중요하다.

트루는 장비가 특정 온도 이상에서 운영되면 안 되기 때문에 일기예보를 알 필요가 있다. 여기의 장비는 온도에 따라 다른 동작을 하게 된다. 따뜻한 상태와 차가운 상태에서 장비를 시작하는 것은 다르다. 장비를 처음 구동시키는 데 필요한 시간도 온도에 따라 다르다. 전기 공급을 보장하기 위해 정보는 정밀해야 한다.

요약하면, 장비를 차가운 상태에서 시작하는 것보다는 전원이 차단되는 편이 차라리 낫다.

다음 코드는 JSON 형식으로 장비 상태를 표현한 것이다.

```json
{
    "event": "HEALTH_CHECK",
    "factory": "Hierve el agua, OAX",
    "serialNumber": " C3PO-R2D2",
    "type": "combined cycle",
    "status": "RUNNING",
    "lastStartedAt": 1511115511,
    "temperature": 34.56,
    "ipAddress": 192.168.210.11
}
```

동작원리

JSON 형식으로 제시된 메시지는 다음의 속성을 갖는다.

- event: 메시지 이름을 나타내는 문자열이다.
- factory: 장비가 위치한 공장의 이름이다.
- serialNumber: 장비의 일련번호다.
- type: 장비 유형이다.
- status: 이 값에 가능한 문자열은 RUNNING, SHUT-DOWN, STARTING, SHUTTING-DOWN이다.
- lastStartedAt: 최근 시작 시간에 대한 유닉스 형식의 시간이다.
- temperature: 섭씨로 표현된 장비 온도를 나타낸다.
- ipAddress: 장비의 IP 주소다.

이 메시지는 사람도 읽고 이해하기 쉽다.

추가정보

메시지 스키마를 보여주기 위해 이러한 에이브로^Avro 형식의 메시지 템플릿은 다음과 같다.

```
{  "name": "health_check",
   "namespace": "treutec.avro",
   "type": "record",
   "fields": [
      { "name": "event", "type": "string" },
      { "name": "factory", "type": "string" },
      { "name": "serialNumber", "type": "string" },
      { "name": "type", "type": "string" },
      { "name": "status", "type": {
         "type": "enum", "symbols": ["STARTING", "RUNNING",
            "SHUTTING_DOWN", "SHUT-DOWN"]},
      { "name": "lastStartedAt", "type": "long",
         "logicalType": "timestamp-millis"},
      { "name": "temperature", "type": "float" },
      { "name": "ipAddress", "type": "string" }
   ]
}
```

참고자료

- 스키마에 대한 더 자세한 사항은 http://avro.apache.org/docs/current/spec.html에서 아파치 에이브로 상세내용을 확인한다.

프로젝트 설정

코드를 작성하기 전에 트루의 스트림 처리 애플리케이션 프로젝트 요구사항을 떠올려보자.

준비사항

스트림 애플리케이션의 전체적인 기능은 다음과 같다.

- raw-messages라는 이름의 카프카 토픽에서 각각의 메시지를 읽어온다.
- 장비 IP 주소의 지리적 정보를 갖고 메시지 정보를 확장한다.
- 지리적 위치에 대한 날씨 정보를 갖고 메시지 정보를 확장한다.
- 정상적인 이벤트를 enriched-messages라는 카프카 토픽에 기록한다.

트루의 스트림 처리 애플리케이션에 대한 다음 그림은 위와 같은 모든 과정의 상세를 보여준다.

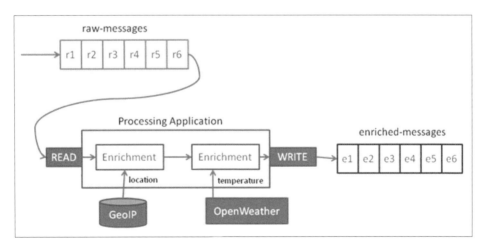

그림 4-4 애플리케이션은 이벤트를 raw-messagse 토픽에서 읽어오고, 지리적 위치와 온도에 대한 정보로 메시지를 확장한 후, enriched-messages 큐에 기록한다.

구현방법

1. 첫 단계는 그레이들^{Gradle}로 ProcessingApp 프로젝트를 생성하는 것이다. true라
   는 디렉터리를 만들고, 해당 디렉터리로 이동해 다음 명령을 실행한다.

```
$ gradle init --type java-library
```

위에 대한 출력은 다음과 같다.

```
...
BUILD SUCCESSFUL
...
```

2. 그레이들은 Library.java와 LibraryTest.java 두 개의 파일을 포함하는 기본 프
   로젝트 구조를 생성한다. 이 두 개의 파일을 걱정하지 말고 지워도 좋다. 현재의
   디렉터리는 다음과 유사할 것이다.

```
- build.gradle
- gradle
-- wrapper
--- gradle-wrapper.jar
--- gradle-vreapper.properties
- gradlew
- gradle.bat
- settings.gradle
- src
-- main
--- java
----- Library.java
-- test
--- java
----- LibraryTest.java
```

3. 이제 build.gradle 파일을 다음 내용으로 대체한다.

```
apply plugin: 'java'
apply plugin: 'application'

sourceCompatibility = '1.8'

mainClassName = 'treu.ProcessingApp'

repositories {
    mavenCentral()
}

version = '0.1.0'

dependencies {
    compile 'org.apache.kafka':'kafka-clients':0.11.0.1'
    compile 'com.maxmind.geoip:geoip-api:1.2.14'
    compile 'com.fasterxml.jackson.core:jackson-databind:2.6.3'
}

jar {
    manifest {
        attributes 'Main-Class': mainClassName
    }
    from {
        configurations.compile.collect {
            it.isDirectory() ? it : zipTree(it)
        }
    }
    {
        exclude "META-INF/*.SF"
        exclude "META-INF/*.DSA"
        exclude "META-INF/*.RSA"
    }
}
```

동작원리

애플리케이션에 약간의 라이브러리 의존성이 추가된다.

- kafka_2.11: 아파치 카프카에 필요한 의존성이다.
- geoip_api1.2: 맥스마인드 GeoIP에 필요한 의존성이다.
- jackson_databind: JSON 구문분석과 JSON을 다루기 위한 라이브러리다.

소스를 컴파일하기 위해 필요한 라이브러리를 다운로드하려면, 다음의 명령을 실행한다.

```
$ gradle compileJava
```

위에 대한 출력은 다음과 같다.

```
...
BUILD SUCCESSFUL
...
```

추가정보

이 프로젝트는 메이븐Maven이나 SBT, 심지어 IDE를 사용해서도 생성될 수 있다. 여기서는 간단하게 그레이들을 사용했다.

참고자료

- 그레이들 메인 페이지: http://www.gradle.org/
- 메이븐 메인 페이지: http://maven.apache.org/
- SBT 메인 페이지: http://www.scala-sbt.org/

▌ 날씨 정보 추출기 열기

4장에서 IP 주소로부터 지리적 위치를 얻는 문제를 해결했다. 업무적으로 요청받은 주어진 위치의 현재 기온 또한 알아낼 것이다.

준비사항

이전의 레시피를 실행해야 한다.

구현방법

https://openweathermap.org/에서 OpenWeatherMap 페이지를 연다. 무료 사용 계획에 가입하고, 무료 API 키를 받는다. 키는 공개 API를 사용할 때 필요하다.

다음 내용으로 src/main/java/treu/extractors 디렉터리에 OpenWeather.java 파일을 생성한다.

```java
package treu.extractors;

import com.fasterxml.jackson.databind.JsonNode;
import com.fasterxml.jackson.databind.ObjectMapper;
import doubloon.extractors.OpenExchange;
import java.io.IOException;
import java.net.MalformedURLException;
import java.net.URL;
import java.util.logging.Level;
import java.util.logging.Logger;

public class OpenWeather {
    private static final String API_KEY = "API_KEY_VALUE";
//1
    protected static final ObjectMapper MAPPER = new ObjectMapper();
```

```java
    public double getTemperature(String lat, String lon) {
        try {
            URL url = new
URL("http://api.openweathermap.org/data/2.5/weather?lat=" + lat + "&lon="+
    lon + "&units=metric&appid=" + API_KEY);
            JsonNode root = MAPPER.readTree(url);
            JsonNode node = root.path("main").path("temp");
            return Double.parseDouble(node.toString());
        } catch (MalformedURLException ex) {
            Logger.getLogger(OpenExchange.class.getName()).log(Level.SEVERE,
                null, ex);
        } catch (IOException ex) {
            Logger.getLogger(OpenExchange.class.getName()).log(Level.SEVERE,
                null, ex);
        }
        return 0;
    }
}
```

동작원리

OpenWeather 클래스는 getTemperature라는 퍼블릭 메소드가 있으며, 위도와 경도 두 개의 문자열 값을 받아서, 해당 좌표에 대한 현재의 기온을 반환한다. 특징은 다음과 같다.

- OpenWeather API를 사용하려면 API 키가 필요하며, 등록은 무료고 한 달에 1000개의 요청을 허용한다. 위의 코드에서 자신의 API 키 값으로 대체한다.
- 지금의 통화 가격을 확인하려면, http://api.openweathermap.org/data/2.5/weather?lat=YOUR_LAT&lon=YOUR_LONG&units=metric&appid=YOUR_API_KEY 사이트에 방문한다.
- 위의 URL에서 반환된 JSON을 온도를 확인하기 위해 분석한다.
- 요청된 온도는 섭씨 단위로 반환된다.

추가정보

OpenWeatherMap은 또한 API를 통해 공개 서비스를 제공한다. API 사용법은 https://openweathermap.org/api에서 자료를 참고한다.

참고자료

- JSON을 분석하는 방법은 다양하며, 이 주제만을 다루는 책이 있다. 예를 들면 JSON을 분석할 때 Jackson을 사용하기도 한다. 더 자세한 정보는 https://github.com/FasterXML 사이트를 참고한다.

▌ 위치별 온도 확장

다음 단계는 지리적 위치 정보로 메시지의 정보를 확장하는 것이다. 세 번째 단계에서 온도로 메시지를 확장한다.

준비사항

여기서 생성할 스트림 애플리케이션의 전체 기능을 요약하면 다음과 같다.

- raw-messages 카프카 토픽에서 개별 메시지를 읽어온다.
- 장비의 IP 주소에 해당하는 지리적 위치로 메시지 정보를 확장한다.
- 지리적 위치에 대한 날씨 정보를 갖고 메시지 정보를 확장한다.
- enriched-messages 카프카 토픽에 올바른 이벤트를 기록한다.

구현방법

다음 내용으로 src/main/java/treu/ 디렉터리에 있는 Enricher.java 파일을 수정한다.

```java
package treu;

import com.fasterxml.jackson.databind.*;
import com.fasterxml.jackson.databind.node.ObjectNode;
import com.maxmind.geoip.Location;
import treu.extractors.GeoIP;
import treu.extractors.OpenWeather;

import java.io.IOException;

import org.apache.kafka.clients.producer.*;

public class Enricher implements Producer {

    private final KafkaProducer<String, String> producer;
    private final String enrichedTopic;

    protected static final ObjectMapper MAPPER = new ObjectMapper();

    public Enricher(String servers, String enrichedTopic) {
        this.producer = new KafkaProducer(Producer.createConfig(servers));
        this.enrichedTopic = enrichedTopic;
    }

    @Override
    public void process(String message) {

        try {
            JsonNode root = MAPPER.readTree(message);
            JsonNode ipAddressNode = root.path("ipAddress");
            if (!ipAddressNode.isMissingNode()) {
                String ipAddress = ipAddressNode.textValue();
```

```
            Location location = new GeoIP().getLocation(ipAddress);
//1
            OpenWeather ow = new OpenWeather();
//2
            ((ObjectNode) root).with("location").put("temperature",
                ow.getTemperature(location.latitude + "",
                    location.longitude + ""));
//3
            Producer.write(this.producer, this.enrichedTopic,
                MAPPER.writeValueAsString(root));
//4
        }
    } catch (IOException e) {
      // deal with exception
    }
  }
}
```

동작원리

Enricher는 Producer 인터페이스를 상속해 구현됐으므로, 카프카 프로듀서다.

- Enricher는 GeoIP 클래스의 인스턴스를 생성하고, IP 주소에 대한 위치를 얻는다.

- Enricher는 OpenWeather 클래스의 인스턴스를 생성하고, 위치에 대한 온도를 얻는다.

- Enricher는 OpenWeather 클래스의 getTemperature 메소드를 호출한다.

- 해당 위치에 대한 temperature 데이터가 temperature의 location 노드에 추가된다.

추가정보

이제 트루를 위한 최종 버전의 Enricher를 작성했다. 이러한 파이프라인 구조는 Enricher 입력에 대한 추출기로 활용된다. 다음의 레시피는 이 프로젝트를 어떻게 실행하는지 보여준다.

참고자료

- 위의 JSON 응답은 더 많은 정보를 포함하고 있다는 점을 참고한다. OpenWeather Map은 날씨에 대한 더 많은 경과와 예보 데이터를 갖고 있다.

▌ 위치별 온도 확장기 실행

앞의 레시피에서 최종 버전의 Enricher 클래스를 작성했다. 이번 레시피에서 모두 컴파일해서 실행한다.

준비사항

4장에 있는 이전 레시피를 실행한다.

구현방법

ProcessingApp 클래스는 Reader, Writer 클래스를 활용한다. 또한 그들을 실행하는 main 메소드를 포함한다. 새로운 src/main/java/treu/ProcessingApp.java 파일을 생성하고, 다음의 코드를 넣는다.

```
package treu;

import java.io.IOException;

public class ProcessingApp {

    public static void main(String[] args) throws IOException{
        String servers = args[0];
        String groupId = args[1];
        String sourceTopic = args[2];
        String enrichedTopic = args[3];
        Reader reader = new Reader(servers, groupId, sourceTopic);
        Enricher enricher = new Enricher(servers, goodTopic, enrichedTopic);
        reader.run(enricher);
    }
}
```

동작원리

ProcessingApp은 명령줄에서 네 개의 인수를 받는다.

- arg[0] servers: 카프카 브로커 호스트와 포트 번호를 지정한다.
- arg[1] group id: 해당 컨슈머가 속한 카프카 컨슈머 그룹을 지정한다.
- arg[2] source topic: 리더^{reader}가 읽어올 토픽을 지정한다.
- arg[3] good topic: 정상적으로 정보가 확장된 메시지가 전송될 토픽을 지정한다.

프로젝트를 빌드하려면 treu 디렉터리에서 다음의 명령을 실행한다.

```
$ gradle jar
```

모든 과정이 잘 됐다면, 출력은 다음과 같을 것이다.

```
...
BUILD SUCCESSFUL
Total time: ...
```

프로젝트를 실행하기 위해 이전 레시피처럼 다섯 개의 명령창을 준비한다. 다음의 그림은 명령창을 어떻게 준비하는지 보여준다.

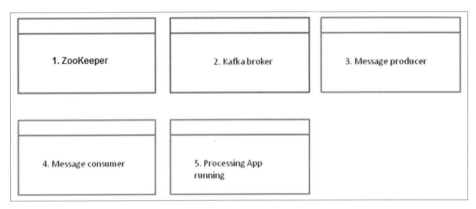

그림 4-5 주키퍼(Zookeeper), 카프카 브로커, 메시지 프로듀서, 메시지 컨슈머를 포함하는 애플리케이션을 테스트하기 위한 다섯 개의 창이다.

첫 번째 명령창에서 카프카 디렉터리에 있는 주키퍼를 실행한다.

```
$ bin/zookeeper-server-start.sh config/zookeeper.properties
```

두 번째 명령창에서 카프카 디렉터리에 있는 브로커를 실행한다.

```
$ bin/kafka-server-start.sh config/server.properties
```

세 번째 명령창에서는 카프카 설치 디렉터리로 이동해 여기서 필요한 두 개의 토픽을 생성한다.

- $ bin/kafka-topics.sh --create --zookeeper localhost:2181 --replication-factor 1 --partitions 1 --topic raw-messages
- $ bin/kafka-topics.sh --create --zookeeper localhost:2181 --replication-factor 1 --partitions 1 --topic enriched-messages

다음으로 raw-messages 토픽을 실행하는 브로커를 시작한다.

```
$ bin/kafka-console-producer.sh --broker-list localhost:9092 --topic raw-messages
```

현재의 창에서 입력 메시지를 넣을 것이다.

네 번째 명령창에서는 enriched-messages를 대기하는 컨슈머 스크립트를 시작한다.

```
$ bin/kafka-console-consumer.sh --bootstrap-server localhost:9092 --from-beginning --topic enriched-messages
```

다섯 번째 명령창에서 실제 처리를 위한 애플리케이션을 시작한다. 프로젝트 루트 디렉터리(그레이들 jar 명령어를 실행했던)로 이동하고, 다음을 실행한다.

```
$ java -jar ./build/libs/treu-0.1.0.jar localhost:9092 vipConsumersGroup raw-messages enriched-messages
```

세 번째 명령창(콘솔-프로듀서)으로 돌아가서 다음 메시지를 전송한다(한 줄로 처리해야 한다는 점을 유의한다).

```
{
    "event": "HEALTH_CHECK",
    "factory": "Hierve el agua, OAX",
    "serialNumber": " C3PO-R2D2",
    "type": "combined cycle",
    "status": "RUNNING",
    "lastStartedAt": 1511115511,
    "temperature": 34.56,
    "ipAddress": 192.168.210.11
}
```

올바른 형식을 갖고 있는 메시지이기 때문에 콘솔-프로듀서에 입력된 메시지는 enriched-messages 콘솔-컨슈머 창에 다음과 같이 표시된다.

```
{
    "event": "HEALTH_CHECK",
    "factory": "Hierve el agua, OAX",
    "serialNumber": " C3PO-R2D2",
    "type": "combined cycle",
    "status": "RUNNING",
    "lastStartedAt": 1511115511,
    "temperature": 34.56,
    "ipAddress": 192.168.210.11,
    "location": {
        "temperature": 20.12
    }
}
```

05

컨플루언트 플랫폼

5장에서는 다음의 레시피를 다룬다.

- 컨플루언트 플랫폼 설치
- 카프카 운영하기
- 컨플루언트 컨트롤 센터 모니터링
- 스키마 레지스트리 사용하기
- 카프카 REST 프록시 사용하기
- 카프카 커넥트 사용하기

▌ 소개

컨플루언트^{confluent} 플랫폼은 완전한 스트림 데이터 시스템이다. 하나의 신뢰할 수 있는 고성능 시스템 안에서 여러 데이터 소스로부터의 데이터를 체계적으로 관리할 수 있다. 이 책의 전반부에 언급된 ESB^{enterprise service bus}의 목표는 단순히 메시지와 데이터를 전달하는 도구로서의 시스템이 아니라, 데이터 소스^{source}와 애플리케이션, 데이터 전달 대상^{data sinks} 시스템에 이르기까지 연결에 필요한 모든 도구를 제공하는 플랫폼이다.

컨플루언트 플랫폼은 세 부분으로 구성돼 있다.

- 컨플루언트 플랫폼 오픈 소스
- 컨플루언트 플랫폼 엔터프라이즈
- 컨플루언트 클라우드

컨플루언트 플랫폼 오픈 소스는 다음과 같은 구성요소가 있다.

- 아파치 카프카 코어
- 카프카 스트림
- 카프카 커넥트
- 카프카 클라이언트
- 카프카 REST 프록시
- 카프카 스키마 레지스트리

컨플루언트 플랫폼 엔터프라이즈는 다음과 같이 구성돼 있다.

- 컨플루언트 컨트롤 센터
- 컨플루언트 기술지원, 전문 서비스, 컨설팅

모든 구성요소는 컨플루언트 사의 등록 자산인 컨플루언트 컨트롤 센터를 제외하고는 오픈 소스다.

다음은 각 구성요소에 대한 설명이다.

- **카프카 코어**^{core}: 이 책에서 다룬 적이 있는 카프카 브로커다.
- **카프카 스트림**^{Streams}: 스트림 처리 시스템을 제작하기 위한 카프카 라이브러리다.
- **카프카 커넥트**^{connect}: 카프카를 데이터베이스, 저장소, 파일 시스템에 연결하는 프레임워크다.
- **카프카 클라이언트**: 카프카에서 카프카로 메시지를 읽고 쓰는 라이브러리다. 자바, 스칼라^{Scala}, C/C++, 파이썬, 고^{Go} 등의 클라이언트가 있다.
- **카프카 REST 프록시**^{proxy}: 애플리케이션을 카프카 클라이언트용 프로그램 언어로 동작시킬 수 없다면, HTTP를 통해 카프카에 연결하도록 구성할 수 있다.
- **카프카 스키마 레지스트리**^{schema registry}: ESB는 메시지 템플릿 저장소가 있어야 한다. 스키마 레지스트리는 모든 스키마와 그들의 변경사항에 대한 버전을 보관하는 저장소이며, 관련된 모든 구성요소가 위와 같은 변경을 인지할 수 있게 한다.
- **컨플루언트 컨트롤 센터**: 강력한 웹 그래픽 사용자 인터페이스이며, 카프카 시스템을 관리하고 모니터링한다.
- **컨플루언트 클라우드**: 서비스로서의 카프카^{Kafka as a service} — 운영에 대한 부담을 줄여주는 클라우드 서비스다.

▌컨플루언트 플랫폼 설치

REST 프록시와 스키마 레지스트리를 활용하기 위해서는 컨플루언트 플랫폼을 설치해야 한다. 또한 컨플루언트 플랫폼은 지금의 카프카 운영 시스템에 대해서 중요한 관리, 운영, 모니터링 기능 등의 기본을 갖추고 있다.

준비사항

이 책을 쓰고 있는 시점 기준으로 컨플루언트 플랫폼 버전은 4.0.0이다.

현재 시점에 지원 가능한 운영 체제는 다음과 같다.

- 데비안 8
- 레드햇 엔터프라이즈 리눅스
- CentOS 6.8 또는 7.2
- 우분투Ubuntu 14.04 LTS와 16.04 LTS

MacOS는 현재 테스트와 개발 목적 정도로 지원되며, 운영환경에는 적합하지 않다. 윈도우는 아직 지원하지 않는다. 오라클 자바 1.7 또는 그 이상의 버전이 필요하다.

구성요소의 기본 포트 번호는 다음과 같다.

- 2181: 아파치 주키퍼
- 8081: 스키마 레지스트리(REST API)
- 8082: 카프카 REST 프록시
- 8083: 카프카 커넥트(REST API)
- 9021: 컨플루언트 컨트롤 센터
- 9092: 아파치 카프카 브로커

이런 포트 또는 구성요소가 실행될 포트를 사용 가능하도록 준비하는 것이 중요하다.

구현방법

설치는 압축된 파일을 다운로드하거나 apt-get 명령을 사용하는 두 가지 방법이 있다.

압축된 파일을 설치하려면 다음과 같이 진행한다.

1. 컨플루언트 오픈 소스 4.0 또는 컨플루언트 엔터프라이즈 4.0 TAR 파일을 https://www.confluent.io/download/ 링크에서 다운로드한다.

2. 파일 압축을 해제한다(권장하는 설치 경로는 /opt 이하다).

3. 컨플루언트 플랫폼을 시작하기 위해 다음 명령을 실행한다.

```
$ <confluent-path>/bin/confluent start
```

출력은 다음과 같다.

```
Starting zookeeper
zookeeper is [UP]
Starting kafka
kafka is [UP]
Starting schema-registry
schema-registry is [UP]
Starting kafka-rest
kafka-rest is [UP]
Starting connect
connect is [UP]
```

apt-get 명령(데비안과 우분투)으로 설치하는 방법은 다음과 같다.

1. APT 저장소repository의 패키지에 서명하기 위해 사용되는 컨플루언트 공개키를 설치한다.

```
$ wget -qO - http://packages.confluent.io/deb/4.0/archive.key |
sudo apt-key add -
```

2. 위 저장소를 소스 목록에 추가한다.

```
$ sudo add-apt-repository "deb [arch=amd64]
http://packages.confluent.io/deb/4.0 stable main"
```

3. 마지막으로 컨플루언트 플랫폼을 설치하는 apt-get 업데이트를 실행한다.

4. 컨플루언트 오픈 소스 설치:

```
$ sudo apt-get update && sudo apt-get install confluent-platform-
oss-2.11
```

5. 컨플루언트 엔터프라이즈를 설치:

```
$ sudo apt-get update && sudo apt-get install confluent-
platform-2.11
```

 패키지 이름의 마지막 부분은 스칼라 버전이다. 현재 지원되는 버전은 2.11(권장)과 2.10
이다.

추가정보

컨플루언트 플랫폼은 시스템과 구성요소 패키지를 제공한다. 이번 레시피의 명령어는 플랫
폼의 모든 구성요소를 설치하기 위한 것이다. 개별 구성요소로 설치하려면 https://docs.
confluent.io/current/installation/available_packages.html#available-packages 링
크 안내를 참고한다.

참고자료

- 요즘 운영환경에서는 컨플루언트 플랫폼을 Docker 이미지를 사용해 설치하기
  도 한다. 더 자세한 정보는 https://docs.confluent.io/current/installation/
  docker/docs/index.html#cpdocker-intro 링크를 방문해 확인하자.

카프카 운영하기

컨플루언트 플랫폼이 설치돼 있다면, 카프카 관리와 운영, 모니터링은 매우 쉬워진다. 컨플루언트 플랫폼으로 카프카를 어떻게 운영하는지 알아보자.

준비사항

이번 레시피에 컨플루언트는 꼭 설치해 실행 중이어야 한다.

구현방법

이번 섹션에서의 명령어는 컨플루언트 플랫폼이 설치된 디렉터리에서 실행돼야 한다.

1. 하나의 명령어로 주키퍼, 카프카, 스키마 레지스트리를 시작한다.

```
$ confluent start schema-registry
```

위 명령에 대한 출력은 다음과 같다.

```
Starting zookeeper
zookeeper is [UP]
Starting kafka
kafka is [UP]
Starting schema-registry
schema-registry is [UP]
```

 설치된 폴더 이외의 경로에서 명령어를 실행하려면, 다음과 같이 PATH 환경변수에 bin 디렉터리를 추가한다.

export PATH=<path_to_confluent>/bin:$PATH

2. 수동으로 개별 서비스를 하나씩 명령어로 시작하려면, 다음을 실행한다.

```
$ ./bin/zookeeper-server-start ./etc/kafka/zookeeper.properties
$ ./bin/kafka-server-start ./etc/kafka/server.properties
$ ./bin/schema-registry-start ./etc/schema-registry/schema-
registry.properties
```

기존과 명령어 구조는 동일하지만, .sh 확장자가 없다.

3. test_topic 토픽을 생성하기 위해 다음 명령을 실행한다.

```
$ ./bin/kafka-topics --zookeeper localhost:2181 --create --topic
test_topic --partitions 1 --replication-factor 1
```

4. 에이브로Avro 메시지를 코드 한 줄 작성하지 않고 브로커 안의 test_topic에 전송하려면 다음 명령어를 사용한다.

```
$ ./bin/kafka-avro-console-producer --broker-list localhost:9092
    --topic test_topic --property
value.schema='{"name":"person","type":"record",
"fields":[{"name":"name","type":"string"},{"name":"age","type":"int
    "}]}'
```

5. 메시지를 조금만 보내보자. 각 줄에 엔터를 입력한다.

```
{"name": "Alice", "age": 27}
{"name": "Bob", "age": 30}
{"name": "Charles", "age":57}
```

6. 비어 있는 줄에 엔터를 입력하면 널null이 입력된다. 프로세스를 종료하기 위해서는 Ctrl+C를 입력한다.

7. test_topic으로부터 에이브로 메시지를 사용하기 위해서 다음과 같이 입력한다.

```
$ ./bin/kafka-avro-console-consumer --topic test_topic --zookeeper
localhost:2181 --from-beginning
```

앞의 단계에서 생성된 메시지가 준비된 형식으로 콘솔에 출력될 것이다.

8. 컨슈머를 종료하기위해 Ctrl+C를 입력한다.

9. 에이브로 스키마 검사를 테스트하기 위해, 호환되지 않는 스키마를 가지고 동일
   한 토픽에 데이터를 다음과 같은 프로듀서로 생성해본다.

```
$ ./bin/kafka-avro-console-producer --broker-list localhost:9092
  --topic test_topic --property value.schema='{"type":"string"}'
```

10. 첫 번째 메시지에서 엔터를 입력하고 나면, 다음과 같은 예외[exception]가 발생한다.

```
org.apache.kafka.common.errors.SerializationException: Error
registering Avro schema: "string"
Caused by:
io.confluent.kafka.schemaregistry.client.rest.exceptions.RestClient
Exception: Schema being registered is incompatible with the latest
schema; error code: 409
    at
io.confluent.kafka.schemaregistry.client.rest.utils.RestUtils.http
    Request(RestUtils.java:146)
```

11. 서비스(스키마 레지스트리, 브로커, 주키퍼)를 종료하기 위해 다음을 실행한다.

```
confluent stop
```

12. 브로커에 저장된 모든 프로듀서 메시지를 삭제하려면 다음 명령을 실행한다.

```
confluent destroy
```

추가정보

컨플루언트 플랫폼에서는 모든 카프카 시스템을 다음과 같이 구성된 카프카 운영 작업을 통해 관리가 가능하다.

- **운영계 설치**Production deployment: 하드웨어 설정, 파일 서술자descriptors, 주키퍼 설정
- **설치 후 작업**Post deployment: 운영관리, 재시작, 백업, 복구
- **자동 데이터 균형**balancing: 리밸런서rebalancer 실행, 브로커 제거
- **모니터링**: 브로커, 주키퍼, 토픽, 프로듀서, 컨슈머 등의 메트릭metric
- **메트릭 보고서**: 메시지 크기, 보안, 인증, 권한 인증, 조회

참고자료

- 카프카 운영에 대한 전체 목록은 https://docs.confluent.io/current/kafka/operations.html 링크를 참고한다.

▌ 컨플루언트 컨트롤 센터 모니터링

이번 레시피는 컨플루언트 컨트롤 센터의 메트릭 보고서를 사용하는 방법을 보여준다.

준비사항

앞의 레시피를 실행한다.

컨트롤 센터를 시작하기 전에 메트릭 보고서를 설정한다.

1. 다음 위치에 있는 server.properties 파일을 백업한다.

```
<confluent_path>/etc/kafka/server.properties
```

2. server.properties 파일에서 다음 줄에 주석을 해제한다.

```
metric.reporters=io.confluent.metrics.reporter.ConfluentMetrics
    Reporter
confluent.metrics.reporter.bootstrap.servers=localhost:9092
confluent.metrics.reporter.topic.replicas=1
```

3. 다음 위치의 카프카 커넥트 설정을 백업한다.

```
<confluent_path>/etc/schema-registry/connect-avro-
distributed.properties
```

4. connect—avro—distributed—properties 파일에 다음의 내용을 추가한다.

```
consumer.interceptor.classes=io.confluent.monitoring.clients.interc
    eptor.MonitoringConsumerInterceptor
producer.interceptor.classes=io.confluent.monitoring.clients.interc
    eptor.MonitoringProducerInterceptor
```

5. 컨플루언트 플랫폼을 시작한다.

```
$ <confluent_path>/bin/confluent start
```

컨트롤 센터를 시작하기 전에 설정을 변경하자.

6. 다음의 경로에 위치한 control—center.properties 파일을 백업한다.

```
<confluent_path>/etc/confluent-control-center/control-
center.properties
```

7. control—center.properties 파일의 끝부분에 다음 내용을 추가한다.

```
confluent.controlcenter.internal.topics.partitions=1
confluent.controlcenter.internal.topics.replication=1
```

```
confluent.controlcenter.command.topic.replication=1
confluent.monitoring.interceptor.topic.partitions=1
confluent.monitoring.interceptor.topic.replication=1
confluent.metrics.topic.partitions=1
confluent.metrics.topic.replication=1
```

8. 컨트롤 센터를 시작한다.

```
<confluent_path>/bin/control-center-start
```

구현방법

1. 컨트롤 센터 웹 사용자 인터페이스를 다음의 URL에서 연다.

```
URL: http://localhost:9021/.
```

2. 이전 레시피에서 생성한 test_topic이 필요하다.

```
$ <confluent_path>/bin/kafka-topics --zookeeper localhost:2181 --
create --test_topic --partitions 1 --replication-factor 1
```

3. 컨트롤 센터에서 좌측의 카프카 커넥트 버튼을 클릭한다. New source 버튼을 클릭한다.

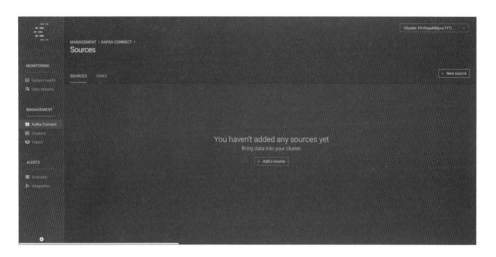

4. 커넥터 클래스에서 드롭다운 메뉴의 SchemaSourceConnector를 선택한다. Connection Name을 Schema-Avro-Source로 지정한다.

5. 토픽 이름에 test_topic을 지정한다.

6. Continue를 클릭하고, Save & Finish 버튼을 클릭해서 설정을 적용한다.

새로운 싱크sink를 생성하기 위한 과정은 다음과 같다.

1. 카프카 커넥트에서 SINKS 버튼을 클릭하고, New Sink 버튼을 클릭한다.

2. 토픽 목록에서 test_topic을 고르고, Continue 버튼을 클릭한다.

3. SINKS 탭에서 커넥션 클래스를 SchemaSourceConnector로 설정하고, Connection Name에는 Schema-Avro-Source를 지정한다.

4. Continue 버튼을 클릭하고, 새 설정을 적용하기 위해 Save & Finish 버튼을 클릭한다.

동작원리

Data streams 탭을 클릭해보면, 클러스터에서 생성되고 사용된 메시지의 합계를 차트로 볼 수 있다.

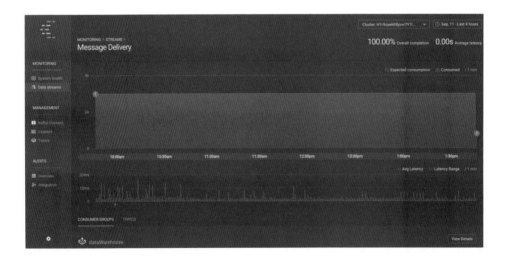

추가정보

컨트롤 센터로 카프카를 모니터링하는 것에 관한 전체 문서는 https://docs.confluent.io/current/kafka/monitoring.html 페이지를 참고한다.

▌ 스키마 레지스트리 사용하기

스키마 레지스트리registry는 저장소다. 스키마에 대한 메타데이터를 제공하는 계층이다. 에이브로 스키마를 저장하거나 가져오기 위한 REST 인터페이스를 제공한다. 스키마 버전을 관리하고, 변경돼 가는 과정의 스키마 호환성에 대한 분석을 제공한다.

스키마 레지스트리는 REST 인터페이스를 갖는다는 점을 기억하자. 이번 레시피에서는 비록 자바를 사용해 HTTP 요청을 만들지만, 이는 엄밀하게 REST 인터페이스이고, 프로그램 언어이자 플랫폼에 중립적으로 활용하기에는 좋다.

준비사항

컨플루언트 플랫폼이 실행 중이어야 한다.

```
$ confluent start schema-registry
```

구현방법

더블룬의 에이브로 스키마인 Customer sees BTC price를 기억할 것이다.

```
{   "name": "customer_sees_btcprice",
    "namespace": "doubloon.avro",
    "type": "record",
    "fields": [
      {   "name": "event", "type": "string" },
      {   "name": "customer",
          "type": {
             "name": "id", "type": "long",
             "name": "name", "type": "string",
             "name": "ipAddress", "type": "string"
          }
```

```
    },
    {  "name": "currency",
       "type": {
          "name": "name", "type": "string",
          "name": "price", "type": {
          "type": "enum", "namespace": "doubloon.avro",
             "name": "priceEnum", "symbols": ["USD", "EUR"]}
       }
    },
    {  "name": "timestamp", "type": "long",
       "logicalType": "timestamp-millis"
    }
  ]
}
```

자바로 스키마 레지스트리를 활용해보자.

1. 에이브로 스키마 내용을 String 변수에 저장한다.

   ```
   String CSBP_SCHEMA = " "{n" + ""schema": "" + .../*content here*/ +
      "}";
   ```

2. HTTP로 상호작용하기 위해 이 예제는 okhttp3 자바 라이브러리를 사용한다.

   ```
   import okhttp3.*;
   ...
   ```

3. 다음의 변수를 선언한다.

   ```
   OkHttpClient client = new OkHttpClient();
   ```

4. 스키마의 content type을 설정하기 위해 다음의 변수를 선언한다.

   ```
   private final static MediaType SCHEMA_CONTENT =
   MediaType.parse("application/vnd.schemaregistry.v1+json");
   ```

5. 이는 HTTP에서 다음과 같은 역할을 한다.

```
"Content-Type: application/vnd.schemaregistry.v1+json"
```

6. 새로운 스키마를 스키마 레지스트리에 추가한다.

```
Request request = new Request.Builder()
    .post(RequestBody.create(SCHEMA_CONTENT, CSBP_SCHEMA))
    .url("http://localhost:8081/subjects/CSBP/versions")
    .build();

String output = client.newCall(request).execute().body().string();
```

7. 스키마 레지스트리에 저장된 모든 스키마의 목록을 가져온다.

```
request = new Request.Builder()
    .url("http://localhost:8081/subjects")
    .build();

output = client.newCall(request).execute().body().string();
```

8. CSBP 스키마의 모든 버전을 표시한다.

```
request = new Request.Builder()
    .url("http://localhost:8081/subjects/CSBP/versions/")
    .build();

output = client.newCall(request).execute().body().string();
```

9. CSBP 스키마의 버전 2를 표시한다.

```
request = new Request.Builder()
    .url("http://localhost:8081/subjects/CSBP/versions/2")
    .build();

output = client.newCall(request).execute().body().string();
```

10. ID 5로 스키마를 표시한다.

```
request = new Request.Builder()
    .url("http://localhost:8081/schemas/ids/5")
    .build();

output = client.newCall(request).execute().body().string();
```

11. CSBP의 최신 버전 스키마를 표시한다.

```
request = new Request.Builder()
    .url("http://localhost:8081/subjects/CSBP/versions/latest")
    .build();

output = client.newCall(request).execute().body().string();
```

12. 스키마가 등록됐는지 확인한다.

```
request = new Request.Builder()
    .post(RequestBody.create(SCHEMA_CONTENT, CSBP_SCHEMA))
    .url("http://localhost:8081/subjects/CSBP")
    .build();

output = client.newCall(request).execute().body().string();
```

13. 스키마 호환성을 테스트한다.

```
request = new Request.Builder()
    .post(RequestBody.create(SCHEMA_CONTENT, CSBP_SCHEMA))
    .url("http://localhost:8081/compatibility/subjects/CSBP/versions/
        latest")
    .build();

output = client.newCall(request).execute().body().string();
```

14. 최상위 레벨의 호환성을 표시한다.

```
request = new Request.Builder()
    .url("http://localhost:8081/config")
    .build();

output = client.newCall(request).execute().body().string();
```

15. 최상위 레벨 호환성을 설정하기 위해 사용 가능한 값은 none, backward, forward, full이다.

```
request = new Request.Builder()
    .put(RequestBody.create(SCHEMA_CONTENT,
"{"compatibility": "none"}"))
    .url("http://localhost:8081/config")
    .build();

output = client.newCall(request).execute().body().string();
```

16. CSBP에 대한 호환성을 설정하기 위해 사용 가능한 값은 none, backward, forward, full이다.

```
request = new Request.Builder()
    .put(RequestBody.create(SCHEMA_CONTENT,
"{"compatibility": "backward"}"))
    .url("http://localhost:8081/config/CSBP")
    .build();

output = client.newCall(request).execute().body().string();
```

참고자료

스키마 레지스트리에 대한 전체 문서는 https://docs.confluent.io/current/schema-registry/docs/index.html URL을 참고한다.

카프카 REST 프록시 사용하기

카프카를 아직 지원하지 않는 시스템 환경에서 카프카를 사용하길 원하면 어떻게 해야 할까? 예를 들어 자바스크립트, PHP 등을 생각해보자.

이 문제와 다른 프로그래밍 문제를 해결하기 위해 카프카 REST 프록시는 카프카 클러스터에 대한 **RESTful** 인터페이스를 제공한다.

REST 인터페이스를 가지고 메시지를 생성해 사용하고, 클러스터 상태를 보기도 하고, 카프카 자체 프로토콜이나 클라이언트를 사용하지 않고도 카프카 관리를 위한 작업을 수행할 수 있다.

활용 사례는 다음과 같다.

- 카프카가 지원하지 않는 언어(자바스크립트, PHP)로 데이터를 앞단의 애플리케이션에서 카프카로 전송한다.
- 카프카를 지원하지 않는 시스템 환경에서 카프카와 통신할 필요가 있는 경우(메인프레임 같은 기존 시스템을 생각해볼 수 있다)
- 관리 작업의 자동화. 카프카 시스템을 맡고 있는 데브옵스[DevOps] 팀이나 카프카에서 지원되는 언어(자바, 스칼라, 파이썬, C/C++)를 모르는 관리자를 생각해볼 수 있다.

준비사항

컨플루언트 플랫폼을 실행하고 있어야 한다.

```
$ confluent start kafka-rest
```

구현방법

이번 레시피의 예제는 또 하나의 언어와 플랫폼 독립성을 보여주기 위해 curl 명령을 사용해 작성됐다. 자바스크립트나 PHP로도 작성할 수 있지만, 중립성을 강조했다.

1. {"employee":1234} JSON 메시지를 open_topic 토픽에 전송한다.

```
$ curl -X POST -H "Content-Type:
application/vnd.kafka.json.v2+json"
   -H "Accept: application/vnd.kafka.v2+json"
   --data '{"records":[{"value":{"employee":1234}}]}'
"http://localhost:8082/topics/open_topic"
{"offsets":[{"partition":0,"offset":0,"error_code":null,"error":null
}],"key_schema_id":null,"value_schema_id":null}
```

2. JSON 데이터를 위한 컨슈머를 생성한다.

```
$ curl -X POST -H "Content-Type: application/vnd.kafka.v2+json"
   --data '{"name": "powerful_consumer_instance", "format":
"json", "auto.offset.reset": "earliest"}'
   http://localhost:8082/consumers/powerful_json_consumer
{"instance_id":"powerful_consumer_instance",
"base_uri":"http://localhost:8082/consumers/powerful_json_consumer/
instances/powerful_consumer_instance"}
```

3. open_topic 토픽 powerful_consumer를 구독한다.

```
$ curl -X POST -H "Content-Type: application/vnd.kafka.v2+json" --
data '{"topics":["open_topic"]}'
http://localhost:8082/consumers/powerful_json_consumer/instances/
powerful_consumer_instance/subscription
```

이 응답에는 내용이 없다.

4. 첫 응답에서 기본 URL을 사용해 약간의 데이터를 사용[consume]한다.

```
$ curl -X GET -H "Accept: application/vnd.kafka.json.v2+json"
http://localhost:8082/consumers/powerful_json_consumer/instances/
powerful_consumer_instance/records
[{"key":null,"value":{"employee":"1234"},"partition":0,"offset":0,"
topic":"open_topic"}]
```

5. 컨슈머를 종료한다.

```
$ curl -X DELETE -H "Content-Type: application/vnd.kafka.v2+json"
http://localhost:8082/consumers/powerful_json_consumer/instances/
powerful_consumer_instance
```

이 응답에는 내용이 없다.

추가정보

메타데이터 확인 같은 관리 작업의 예를 보여준다.

1. 토픽의 목록을 구한다.

```
$ curl "http://localhost:8082/topics"
["__consumer_offsets","_schemas","open_topic"]
```

2. 하나의 토픽에 대한 정보를 얻는다.

```
$ curl "http://localhost:8082/topics/open_topic"
{"name":"open_topic","configs":{},"partitions":[{"partition":0,"
leader":0,"replicas":[{"broker":0,"leader":true,"in_sync":true}]}]}
```

3. 토픽 파티션 정보를 얻는다.

```
$ curl "http://localhost:8082/topics/open_topic/partitions"
[{"partition":0,"leader":0,"replicas":[{"broker":0,"leader":true,"
in_sync":true}]}]
```

참고자료

- 카프카 REST 프록시에 대한 전체 문서를 보려면 https://docs.confluent.io/current/kafka-rest/docs/intro.html 링크를 참고한다.

▌ 카프카 커넥트 사용하기

카프카 커넥트는 앞에서 설명했듯이 외부 시스템과 카프카를 연결하기 위해 사용되는 프레임워크이고, 외부시스템은 키-값key-value 저장소(Riak, Coherence, Dynamo), 데이터베이스(카산드라), 검색 인덱스(일래스틱), 파일시스템(HDFS) 등이 될 수 있다.

이 책에서는 카프카 커넥터를 다루는 별도의 장이 있지만, 이번 레시피에서 컨플루언트 플랫폼의 일부로 다룬다.

준비사항

컨플루언트 플랫폼을 실행하고 있어야 한다.

```
$ confluent log connect
```

구현방법

카프카 커넥트로 메타데이터를 읽으려면 다음 설명을 따른다.

1. 설치된 커넥터 목록을 본다.

```
$ confluent list connectors
Bundled Predefined Connectors (edit configuration under etc/):
  elasticsearch-sink
  file-source
  file-sink
  jdbc-source
  jdbc-sink
  hdfs-sink
  s3-sink
```

2. 설정 파일은 ./etc/kafka/connect-file-source.properties에 있다. 이 파일에
   는 다음과 같은 값이 있다.
   - 인스턴스 이름:

   ```
   name=file_source
   ```

   - 상속 클래스:

   ```
   connector.class=FileStreamSource
   ```

- 이 커넥터 인스턴스의 작업 수:

```
tasks.max=1
```

- 입력 파일:

```
file=continuous.txt
```

- 출력 토픽 이름:

```
topic=connector-test
```

3. continuous.txt 파일을 편집해 다음 내용을 추가한다.

```
This is the line 1
This is the line 2
This is the line 3
This is the line 4
```

4. 위 파일을 읽어온다.

```
$ confluent load file-source
{
    "name": "file_source",
    "config": {
        "connector.class": "FileStreamSource",
        "tasks.max": "1",
        "file": "continuous.txt",
        "topics": "connector-test",
        "name": "file-source"
    },
    "tasks": []
}
```

5. 커넥터가 정상인지 확인한다.

```
$ confluent status connectors
[
    "file-source"
]
```

6. 작업 상태를 확인한다.

```
$ confluent status file-source
{
    "name": "file-source",
    "connector": {
        "state": "RUNNING",
        "worker_id": "10.110.30.20:8083"
    },
    "tasks": [
        {
            "state": "RUNNING",
            "id": 0,
            "worker_id": "10.110.30.20:8083"
        }
    ]
}
```

7. 마지막으로 파일 안의 메시지를 보기 위해 컨슈머를 사용해 토픽을 확인한다.

```
$ kafka-console-consumer --bootstrap-server localhost:9092 --topic
connector-test --from-beginning

This is the line 1
This is the line 2
This is the line 3
This is the line 4
```

추가정보

카프카 커넥터로 데이터 파일을 쓰기 위한 설정 파일은 ./etc/kafka/connect-file-sink.properties에 있다. 설정 파일에는 다음과 같은 값이 있다.

- 인스턴스 이름:

  name=file_sink

- 상속 클래스:

  connector.class=FileStreamSink

- 이 커넥터 인스턴스의 작업 수:

  tasks.max=1

- 입력 파일:

  file=the_sink.txt

- 출력 토픽 이름:

  topic=connector-test

다음과 같은 과정을 따라가 보자.

1. 파일을 읽어온다.

   ```
   $ confluent load file-sink
   {
       "name": "file-sink",
       "config": {
           "connector.class": "FileStreamSink",
   ```

```
        "tasks.max": "1",
        "file": "the_sink.txt",
        "topics": "connector-test",
        "name": "file-sink"
    },
    "tasks": []
}
```

2. 커넥터가 정상인지 확인한다.

```
$ confluent status connectors
[
    "file-source",
    "file-sink"
]
```

3. 작업에 대한 상태를 확인한다.

```
$ confluent status file-sink
{
    "name": "file-sink",
    "connector": {
        "state": "RUNNING",
        "worker_id": "10.110.30.20:8083"
    },
    "tasks": [
        {
            "state": "RUNNING",
            "id": 0,
            "worker_id": "10.110.30.20:8083"
        }
    ]
}
```

4. 마지막으로 continuous.txt 파일에 내용을 수정하거나 추가하고, the_sink.txt 파일에서 결과를 확인한다.

5. 커넥터를 언로드unload하기 위해 다음 명령을 실행한다.

```
$ confluent unload file-source
$ confluent unload file-sink
```

6. 다음은 카프카 커넥터와 작업을 중지하기 위한 명령이다.

```
$ confluent stop connect
The output is:
Stopping connect
connect is [DOWN]
```

참고자료

카프카 커넥트에 대한 모든 문서 자료를 보려면 https://docs.confluent.io/current/connect/index.html 링크를 참고한다.

06

카프카 스트림

6장에서 다루는 레시피는 다음과 같다.

- 프로젝트 설정하기
- 스트리밍 애플리케이션 실행

▌ 소개

인생은 딱히 마디로 나뉘지 않고, 끊임없이 흘러간다. 1장에서 4장까지는 메시지를 개별적으로 작업하는 데이터 파이프라인을 어떻게 다루는지 논의했다. 하지만 어떠한 연속된 패턴을 발견하거나 메시지 일부분을 갖고, 이어서 무엇인가를 산출해야 한다면 어떤 것이 필요할까?

데이터를 다루는 분야에서는 가장 중요한 개념의 하나가 스트림이다. 스트림이란 연속적으로 업데이트되고 무제한으로 진행되는 과정을 의미한다. 여기서 무제한이란 크기의 제한이 없다는 의미다. 개념적으로 볼 때 스트림은 내결함성fault-tolerant을 지원하고, 재생replay이 가능하며, 변경되지 않는 데이터 레코드가 순서대로 정렬된 것이다. 데이터 레코드는 키-값의 쌍key-value pair으로 정의된다.

진도를 더 나가기 전에 몇 가지 개념을 정리할 필요가 있다.

- **스트림 처리 애플리케이션**: 카프카 스트림 라이브러리를 사용하는 프로그램을 말한다.
- **프로세서 토폴로지**topology: 스트림 처리 애플리케이션이 수행할 데이터 처리에 대한 연산 로직을 정의하는 토폴로지다. 토폴로지는 스트림(선)과 연결된 스트림 프로세서(노드)의 그래프다.

  토폴로지를 정의하는 방법은 두 가지가 있다.
  - 로우레벨low-level 프로세서 API를 통하는 방법
  - 카프카 스트림 DSL을 통하는 방법
- **스트림 프로세서**: 프로세서 토폴로지에 있는 노드다. 토폴로지 안에서 처리 과정을 나타내고, 스트림의 데이터를 변환하는 데 사용된다. 표준 작업, 즉 필터, 조인join, 맵, 데이터 종합 등은 카프카 스트림에서 활용하는 스트림 프로세서 사례다.
- **윈도잉**windowing: 가끔은 데이터 레코드를 시간단위로 보기 위해 스트림 프로세서가 시간 단위의 묶음으로 나눈다. 이 작업은 주로 데이터를 취합하거나 조인할 때 필요하다.

- **조인**join: 두 개 이상의 스트림이 데이터 레코드의 키를 기반으로 합쳐지면 새로운 스트림이 생성된다. 이렇게 새로운 스트림을 생성하는 작업을 **조인**이라고 한다. 레코드 스트림을 조인하는 것은 보통 윈도잉을 기반으로 수행하게 된다.
- **취합**aggregation: 새로운 스트림은 하나의 입력 스트림을 통해 여러 개의 입력 레코드를 조합해 단일 출력 레코드로 만들어낸다. 이렇게 새로운 스트림을 생성하는 작업을 **취합**이라고 하며, 합계나 횟수 등을 구하는 등이 예가 될 수 있다.

▌ 프로젝트 설정하기

이번 레시피에서는 트루Treu 애플리케이션 프로젝트 안에서 카프카 스트림을 사용하는 프로젝트를 설정한다.

준비사항

1장에서 4장까지 과정에서 생성한 프로젝트가 필요하다.

구현방법

1. 4장, '메시지 정보 확장'에서 생성한 Treu 프로젝트에서 build.gradle 파일을 열고, 다음 내용을 추가한다.

```
apply plugin: 'java'
apply plugin: 'application'

sourceCompatibility = '1.8'

mainClassName = 'treu.StreamingApp'
```

```
repositories {
    mavenCentral()
}

version = '0.1.0'

dependencies {
    compile 'org.apache.kafka:kafka-clients:1.0.0'
    compile 'org.apache.kafka:kafka-streams:1.0.0'
    compile 'org.apache.avro:avro:1.7.7'
}

jar {
    manifest {
        attributes 'Main-Class': mainClassName
    }

    from {
        configurations.compile.collect {
            it.isDirectory() ? it : zipTree(it)
        }
    } {
        exclude "META-INF/*.SF"
        exclude "META-INF/*.DSA"
        exclude "META-INF/*.RSA"
    }
}
```

2. 앱을 다시 빌드하기 위해 프로젝트 루트 디렉터리에서 다음 명령을 실행한다.

```
$ gradle jar
```

이 명령은 다음과 같은 형태로 출력된다.

```
...
BUILD SUCCESSFUL
Total time: 24.234 secs
```

3. 다음 단계로 src/main/java/treu 디렉터리에 다음의 내용으로 StreamingApp. java 파일을 생성한다.

```java
package treu;

import org.apache.kafka.streams.StreamsBuilder;
import org.apache.kafka.streams.Topology;

import org.apache.kafka.streams.KafkaStreams;
import org.apache.kafka.streams.StreamsConfig;
import org.apache.kafka.streams.kstream.KStream;

import java.util.Properties;

public class StreamingApp {

    public static void main(String[] args) throws Exception {

        Properties props = new Properties();
        props.put(StreamsConfig.APPLICATION_ID_CONFIG,
            "streaming_app_id");// 1
        props.put(StreamsConfig.BOOTSTRAP_SERVERS_CONFIG,
            "localhost:9092"); //2

        StreamsConfig config = new StreamsConfig(props); // 3
        StreamsBuilder builder = new StreamsBuilder(); //4

        Topology topology = builder.build();

        KafkaStreams streams = new KafkaStreams(topology, config);

        KStream<String, String> simpleFirstStream =
            builder.stream("src-topic"); //5

        KStream<String, String> upperCasedStream =
            simpleFirstStream.mapValues(String::toUpperCase); //6
```

```
            upperCasedStream.to("out-topic"); //7

            System.out.println("Streaming App Started");
            streams.start();
            Thread.sleep(30000);  //8
            System.out.println("Shutting down the Streaming App");
            streams.close();
        }
    }
```

동작원리

코드에서 주석을 살펴보자.

- //1번, APPLICATION_ID_CONFIG는 브로커 내부에서 앱에 대한 식별자다.

- //2번, BOOTSTRAP_SERVERS_CONFIG는 사용할 브로커를 지정한다.

- //3번, StreamsConfig 객체가 생성되며, 지정된 속성으로 만들어진다.

- //4번, StreamsBuilder 객체가 생성되며, 토폴로지를 만드는 데 사용된다.

- //5번, KStream이 생성될 때, 입력 토픽이 지정된다.

- //6번, src-topic으로 또 다른 KStream이 생성되지만 대문자^{uppercase}를 쓴다.

- //7번, 대문자 스트림은 out-topic으로 출력한다.

- //8번, 애플리케이션은 30초 동안 실행된다.

▌ 스트리밍 애플리케이션 실행

앞의 레시피에서 스트리밍 앱의 첫 번째 버전을 작성했다. 이번 레시피에서는 모두 컴파일해서 실행할 것이다.

준비사항

6장의 이전 레시피를 실행한다.

구현방법

스트리밍 앱은 명령줄에서 인수^{argument}를 받지 않는다.

1. 프로젝트를 빌드하려면, true 디렉터리에서 다음 명령을 실행한다.

```
$ gradle jar
```

모든 과정이 정상적으로 진행됐다면, 출력은 다음과 같다.

```
...
BUILD SUCCESSFUL
Total time: ...
```

2. 프로젝트를 실행하기 위해 네 개의 다른 명령창을 준비한다. 다음 그림은 명령창
을 어떻게 사용할지 보여준다.

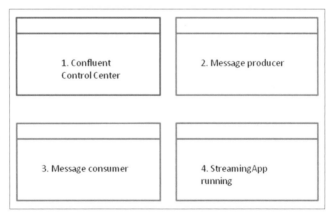

그림 6-1 네 개의 명령창은 스트리밍 애플리케이션의 테스트, 컨플루언트 컨트
롤 센터, 메시지 프로듀서, 메시지 컨슈머와 함께 애플리케이션 자체를 테스트하
기 위한 것이다.

3. 첫 번째 명령창에서 컨트롤 센터를 실행한다.

```
$ <confluent-path>/bin/confluent start
```

4. 두 번째 명령창에서 여기서 필요한 두 개의 토픽을 생성한다.

```
$ bin/kafka-topics --create --topic src-topic --zookeeper
localhost:2181 --partitions 1 --replication-factor 1
$ bin/kafka-topics --create --topic out-topic --zookeeper
localhost:2181 --partitions 1 --replication-factor 1
```

5. 위 명령창에서 프로듀서를 시작한다.

```
$ bin/kafka-console-producer --broker-list localhost:9092 --topic
src-topic
```

이 창에서 메시지를 입력한다.

6. 세 번째 명령창에서 out-topic을 대기하는 컨슈머 스크립트를 실행한다.

```
$ bin/kafka-console-consumer --bootstrap-server localhost:9092 --
from-beginning --topic out-topic
```

7. 네 번째 명령창에서 애플리케이션을 시작한다. 루트 디렉터리(그레이들 jar 명령을 실행했던)로 가서 다음을 실행한다.

```
$ java -jar ./build/libs/treu-0.1.0.jar localhost:9092
```

8. 두 번째 명령창(콘솔-프로듀서)으로 가서 다음와 같이 세 개의 메시지를 보낸다(메시지 사이에 엔터를 눌러서 한 줄에 하나씩 실행한다).

```
$> Hello [Enter]
$> Kafka [Enter]
$> Streams [Enter]
```

9. 콘솔-프로듀서 창에서 입력한 메시지는 대문자로 out-topic에 대한 콘솔 컨슈머 창에 나타날 것이다.

```
> HELLO
> KAFKA
> STREAMS
```

07

카프카 관리

7장에서는 다음과 같은 주제를 다룬다.

- 컨슈머 그룹 관리
- 로그 세그먼트 덤프 받기
- 주키퍼 오프셋 가져오기
- GetOffsetShell 사용하기
- JMX 사용하기
- 미러메이커 사용하기
- 로그 프로듀서 재생
- 상태 변경 로그 통합하기

▌ 소개

운영 중인 아파치 카프카 클러스터를 관리하는 일은 어렵다. 카프카 제작자는 디버깅, 테스트, 카프카 클러스터 실행과 관련해 데브옵스^{DevOps} 팀의 삶을 조금이라도 쉽게 하기 위해 약간의 명령줄 도구를 만들었다. 7장에서 바로 이런 도구를 다룬다.

▌ 컨슈머 그룹 관리

ConsumerGroupCommand 도구는 컨슈머 그룹을 디버깅할 때 유용하다. 이 도구는 컨슈머 그룹의 목록과 상세를 보거나 삭제할 수 있다.

준비사항

이번 레시피에서 카프카는 반드시 설치돼 있어야 하고, 주키퍼와 브로커는 실행 중이고, 약간의 토픽이 생성돼 있어야 한다. 토픽은 메시지를 조금이라도 생성하고, 컨슈머 그룹에 컨슈머가 만들어져 있어야 한다. 여기서 중요한 점은 실행 중인 컨슈머 정보를 얻을 수 있도록 하는 것이다.

구현방법

1. 카프카 설치 디렉터리에서 다음 명령을 실행한다.

```
$ bin/kafka-consumer-groups.sh --bootstrap-server localhost:9092 --list
```

위 명령의 출력은 다음과 같다.

```
Note: This will only show information about consumers that use the
Java consumer API (non-ZooKeeper-based consumers).
    console-consumer-10354
    vipConsumersGroup
    console-consumer-44233
```

2. 오프셋을 보기 위해 컨슈머 그룹에서 다음과 같이 describe를 사용한다.

```
$ bin/kafka-consumer-groups.sh --bootstrap-server localhost:9092 --
describe --group vipConsumersGroup
Note: This will only show information about consumers that use the
Java consumer API (non-ZooKeeper-based consumers).
    TOPIC PARTITION CURRENT-OFFSET LOG-END-OFFSET LAG
CONSUMER-ID HOST CLIENT-ID
    source-topic 0 1 1 0
consumer-1-be 4c31-e197-455b-89fb-cce53e380a26 /192.168.1.87
consumer-1
```

3. 명령어가 말해주듯이 기존의 상위 그룹 컨슈머를 사용하고, 그룹의 메타데이터
   는 주키퍼에 저장된다(offsets.storage =zookeeper 플래그를 사용한다). bootstrap-
   server 대신에 zookeeper를 다음과 같이 지정한다.

```
$ bin/kafka-consumer-groups.sh --zookeeper localhost:2181 --list
```

동작원리

ConsumerGroupCommand는 다음과 같은 인수를 사용한다.

- --group <String: consumer group>: 작업할 컨슈머 그룹이다.
- --bootstrap-server <String: server to connect>: (새로운 컨슈머를 기반으로
  한 컨슈머 그룹에) 연결할 서버다.

- `--zookeeper <String: urls>`: host:port 형태의 요소를 가진, 쉼표로 구분된 목록으로 지정된 주키퍼 연결을 나타낸다(기존 컨슈머를 기반으로 한 컨슈머 그룹의 경우).
- `--topic <String: topic>`: 작업할 컨슈머 그룹 정보를 갖고 있는 토픽이다.
- `--list`: 브로커의 모든 컨슈머 그룹 목록이다.
- `--describe`: 컨슈머 그룹과 주어진 그룹에서 오프셋 대기(처리되지 않은 메시지) 목록을 나타낸다.
- `--reset-offsets`: 컨슈머 그룹의 오프셋을 재설정한다.
- `--delete`: 토픽 파티션 오프셋과 전체 컨슈머 그룹의 소유 정보를 삭제하기 위한 그룹에 전달된다.

▌ 로그 세그먼트 덤프 받기

로그 기록과 세그먼트 상태 등의 정보를 검토하기 위해, 다양한 목적으로 카프카 로그 데이터를 가지고 디버깅하는 도구다. 또한 카프카가 생성한 로그 파일을 검토하는 데도 유용하다.

준비사항

이번 레시피에서 카프카는 반드시 설치돼 있어야 하고, 주키퍼와 브로커는 실행 중이고, 약간의 토픽이 생성돼 있어야 한다. 토픽은 메시지를 조금이라도 생성하고 컨슈머 그룹에 컨슈머가 만들어져 있어야 한다. 여기서 중요한 점은 카프카 로그 세그먼트에, 디버깅과 감사auditing, 백업뿐만 아니라 로그 세그먼트에서 정상동작 여부를 확인할 정보가 약간은 필요하다.

구현방법

1. 카프카 설치 디렉터리에서 다음 명령을 실행한다.

```
$ bin/kafka-run-class.sh kafka.tools.DumpLogSegments --deep-
iteration --files /tmp/kafka-logs/your-
topic-0/00000000000000000000.log
```

이 명령은 다음과 유사한 형태로 출력될 것이다.

```
Dumping /tmp/kafka-logs/source-topic-0/00000000000000000000.log
Starting offset: 0
offset: 0 position: 0 CreateTime: 1511661360150 isvalid: true
keysize: -1 valuesize: 4 magic: 2 compresscodec: NONE producerId:
-1 sequence: -1 isTransactional: false headerKeys: []
```

동작원리

DumpLogSegments 명령은 로그 파일을 분석해서 콘솔에 내용을 내보낸다. 손상된 로그 세그먼트를 디버깅할 때 유용하다.

DumpLogSegments 명령은 다음과 같은 인수를 사용한다.

- --deep-iteration: 이 인수를 설정하면, 로그 파일을 검사할 때 간략하게 반복 iteration 검사하는 것이 아니라 완전하게 전체를 확인한다.
- --files <String: file1, file2, ...>: 필수 파라미터. 덤프할 데이터 로그 파일에 대해서 쉼표로 구분된 목록이다.
- --max-message-size <Integer: size>: 가장 긴 메시지의 크기를 나타내는 오프셋으로 사용한다. 기본값은 5242880이다.
- --print-data-log: 이 인수를 설정하면, 메시지 내용이 데이터 로그를 덤프할 때 프린트된다.

- --verify-index-only: 이 인수를 설정하면, 내용을 프린트하지 않고 인덱스 로그만 검사하도록 처리한다.

▌ 주키퍼 오프셋 가져오기

이제 주키퍼에 포함된 특정 시점에 대한 오프셋의 백업을 갖게 됐고, 복구도 가능하다. 지금 소개할 도구는 백업을 생성한 시점의 오프셋 상태를 복구하기에 편리하다.

준비사항

이번 레시피에서 카프카는 반드시 설치돼 있어야 하고, 주키퍼와 브로커는 실행 중이고, 약간의 토픽이 생성돼 있어야 한다. 토픽은 메시지를 조금이라도 생성하고, 컨슈머가 생성돼 있어야 한다. 이전에 내보내기로 생성한 주키퍼 오프셋 파일이 필요하다.

구현방법

오프셋 상태를 파일로 갖고 있는 곳이 /temp/zkoffset.txt라고 가정한다.

카프카 설치 디렉터리에서 다음의 명령을 실행한다.

```
$ bin/kafka-run-class.sh kafka.tools.ImportZkOffsets --inputfile
/tmp/zkoffset.txt --zkconnect localhost:2181
```

동작원리

위 명령은 다음과 같은 인수를 사용한다.

- `--zkconnect`: 주키퍼 연결 문자열을 지정한다. `host:port` 형식이며 쉼표로 구분된 목록이다.
- `--input-file`: 주키퍼 오프셋을 가져올 파일을 지정한다.
- `--help`: 도움말을 출력한다.

▌ GetOffsetShell 사용하기

아파치 카프카 프로젝트를 디버깅할 때, 가끔씩 토픽의 오프셋 값을 알면 도움이 되기도 한다. 이런 목적을 위해 이 도구는 유용하다.

준비사항

이번 레시피에서 카프카는 반드시 설치돼 있어야 하고, 주키퍼와 브로커는 실행 중이고, 약간의 토픽이 생성돼 있어야 한다. 토픽은 메시지를 조금이라도 생성하고, 컨슈머가 몇 개라도 생성돼 있어야 한다.

구현방법

카프카 설치 디렉터리에서 다음 명령을 실행한다.

```
$ bin/kafka-run-class.sh kafka.tools.GetOffsetShell --broker-list
localhost:9092 --topic source-topic --time -1
```

위 명령의 출력은 다음과 같다.

```
source-topic:0:0
source-topic:1:0
source-topic:2:6
source-topic:3:0
```

동작원리

GetOffsetShell은 상호작용이 가능하고, 컨슈머 오프셋을 얻기 위한 셸shell이며, 다음과 같은 옵션을 줄 수 있다.

- --broker-list <String: hostname:port>: host:port 형식이며, 쉼표로 구분된 연결할 서버 포트의 목록을 지정한다.
- --max-wait-ms <Integer: ms>: 가져오기 요청 각각에 대한 대기 시간의 최대값을 지정한다. 기본값은 1000이고, 이는 1초다.
- --offsets <Integer: count>: 반환될 오프셋 수를 지정한다. 기본값은 1이며, 한 개의 오프셋을 의미한다.
- --partitions <String: partition ids>: 파티션 식별자의 쉼표로 구분된 목록이다. 이 값이 지정되지 않으면, 모든 파티션의 오프셋을 가져온다.
- --time <Long: timestamp>: 가져올 오프셋의 타임스탬프를 지정한다. -1이면 최근 값이고, -2면 맨 처음 값을 의미한다.
- --topic <String: topic>: 반드시 지정해야 하며, 오프셋을 가져올 토픽을 지정한다.

JMX 사용하기

JMX은 Java management extension의 약자다. 자바에 익숙한 사용자에게 JMX는, JVM을 관리하고 모니터링하기 위한 도구를 제공하는 기술이다. 카프카는 쉽게 JMX 보고서를 얻기 위한 자체 JMX 도구를 갖고 있다.

준비사항

이번 레시피에서 카프카는 반드시 설치돼 있어야 하고, 주키퍼와 브로커는 실행 중이고, 약간의 토픽이 생성돼 있어야 한다. 토픽은 메시지를 조금이라도 생성하고, 컨슈머가 몇 개라도 생성돼 있어야 한다.

구현방법

카프카 설치 디렉터리에서 다음의 명령을 실행한다.

```
$ bin/kafka-run-class.sh kafka.tools.JmxTool --jmx-url
service:jmx:rmi:///jndi/rmi://:9999/jmxrmi
```

동작원리

JMX 도구는 JMX 값을 표준 출력 형태로 덤프한다. JMX 도구는 다음과 같은 파라미터를 사용한다.

- --attributes <String: name>: 요청할 속성과 함께 객체의 목록이 쉼표로 구분된다. 이 파라미터를 설정하지 않으면 전체 객체의 목록을 표시한다.

- --date-format <String: format>: time 항목에 사용할 데이터 형식을 지정한 다. 여기서 선택 가능한 옵션은 java.text.SimpleDateFormat과 동일하다.
- --help: 도움말을 출력한다.
- --jmx-url <String: service-url>: JMX 데이터를 가져오기 위해 연결할 URL 을 지정한다. service:jmx:rmi:///jndi/rmi://:9999/jmxrmi이 기본값이다.
- --object-name <String: name>: 질의할 때 사용할 JMX 객체 이름을 지정한다. 와일드 카드를 사용할 수 있다. 여기서 객체를 지정하지 않으면, 모든 객체에 대해 질의한다.
- --reporting-interval <Integer: ms>: 밀리초 단위로 JMX 상태를 가져올 간 격을 지정한다. 기본값은 2000이고 2초를 의미한다.

추가정보

JMX는 광범위한 주제이므로 이 책에서 모두 다루지는 않는다. JMX 데이터를 보려면, JConsole이라는 유명한 도구가 있다. JConsole을 써보려면, 단지 $ jconsole 명령을 자 바가 설치된 컴퓨터에서 입력해본다.

JConsole에 대한 더 자세한 정보는 https://docs.oracle.com/javase/8/docs/technotes/ guides/management/jconsole.html 페이지를 참고한다.

▌ 미러메이커 사용하기

미러메이커MirrorMaker 도구는 다른 클러스터에서 동일한 데이터를 복제해야 할 때 유용하 다. 미러메이커는 두 개의 카프카 클러스터 사이에서 데이터를 연속으로 복제한다.

준비사항

이번 레시피는 서로 다른 클러스터에서 실행 중인 두 개의 카프카 인스턴스가 필요하다. 하나에서 다른 하나로 데이터를 복제하려는 목적이다.

구현방법

카프카 설치 디렉터리에서 다음 명령을 실행한다.

```
$ bin/kafka-run-class.sh kafka.tools.MirrorMaker --consumer.config
config/consumer.config --producer.config config/producer.config --whitelist
source-topic
```

동작원리

미러메이커는 다음과 같은 파리미터를 사용한다.

- --blacklist <String: Java regex(String)>: 미러가 될 토픽의 블랙리스트(미러하지 않을 토픽)를 지정한다. 또한 정규 표현regular expression이 될 수 있다.
- --consumer.config <String: config file>: 소스 클러스터에서 사용consume할 컨슈머 설정 파일의 경로를 지정한다. 여러 개가 지정될 수 있다.
- --help: 도움말을 출력한다.
- --new.consumer: 미러메이커에서 새로운 컨슈머를 생성하기 위해 사용한다(기본값이 설정돼 있다).
- --num.streams <Integer: Number of threads>: 사용될 스트림 수를 지정한다 (기본값은 1).
- --producer.config <String: config file>: 관련된 프로듀서 설정 파일의 경로를 지정한다.

- --whitelist <String: Java regex(String)>: 미러가 될 토픽의 화이트리스트 (미러하고 싶은 토픽)를 지정한다.

추가정보

카프카의 미러가 어떻게 동작하는지 알기 위해 https://cwiki.apache.org/confluence/pages/viewpage.action?pageId=27846330에서 자료를 참고한다.

참고자료

- 미러메이커와 컨플루언트 복제기replicator를 비교한 내용을 포함하는 페이지 https://docs.confluent.io/current/multi-dc/mirrormaker.html를 참고한다.

▌ 로그 프로듀서 재생

ReplayLogProducer 도구는 어떤 토픽에서 다른 토픽으로 데이터를 이전할 때 사용된다.

준비사항

이번 레시피에서 카프카는 반드시 설치돼 있어야 하고, 주키퍼와 브로커는 실행 중이고, 약간의 토픽이 생성돼 있어야 한다. 토픽은 메시지를 조금이라도 생성해야 한다. 원본source 토픽과 대상destination 토픽이 필요하다.

구현방법

카프카 설치 디렉터리에서 다음 명령을 실행한다.

```
$ bin/kafka-run-class.sh kafka.tools.ReplayLogProducer --sync --broker-list
localhost:9092 --inputtopic source-topic --outputtopic good-topic --
zookeeper localhost:2181
```

동작원리

ReplayLogProducer는 다음과 같은 파라미터를 사용한다.

- --broker-list <String: hostname:port>: 필수 파라미터로, 브로커 목록을 지 정한다.
- --inputtopic <String: input-topic>: 소스 토픽을 지정하는 필수 파라미터다.
- --messages <Integer: count>: 전송할 메시지 수를 지정한다. 기본값은 -1이 며, 제한이 없다는 의미다.
- --outputtopic <String: output-topic>: 대상 토픽을 지정하는 필수 파라미 터다.
- --reporting-interval <Integer: ms>: 진행 과정의 정보를 출력하는 밀리초 단 위의 주기다. 기본값은 5초다.
- --threads <Integer: threads>: 작업자 스레드 수. 기본값은 단 한 개다.
- --sync: 이 값이 지정되면, 메시지는 동기 방식으로 전송된다. 지정하지 아니면 비동기 방식을 사용한다.
- --zookeeper <String: zookeeper url>: 필수 파라미터로, host:port 형식의 주키퍼 연결 문자열을 지정한다. 장애조치[fail-over] 동작을 위해 여러 URL을 지정 할 수 있다.

▌상태 변경 로그 통합하기

StateChangeLogMerger 도구는 간편한 사후 분석을 위해 여러 브로커의 상태state 변화에 대한 로그를 합친다. 무슨 일이 있었는지 알 수 있는 경과 기록을 하나로 통합하기 위해, 몇 개의 브로커에 대한 로그를 합치는merging 도구다.

준비사항

이번 레시피에서 카프카는 반드시 설치돼 있어야 하고, 주키퍼와 브로커는 실행 중이고, 약간의 토픽이 생성돼 있어야 한다. 토픽은 메시지를 조금이라도 생성해야 한다. 브로커 정보를 며칠 정도 포함한다면 더 좋다.

구현방법

카프카 설치 디렉터리에서 다음 명령을 실행한다.

```
$ bin/kafka-run-class.sh kafka.tools.StateChangeLogMerger --log-regex
/tmp/state-change.log* --partitions 0,1,2 --topic source-topic
```

동작원리

StateChangeLogMerger 명령은 다음과 같은 파라미터를 사용한다.

- --end-time <String: end>: 합쳐질 항목의 최근 타임스탬프를 java.text. SimpleDateFormat 형식으로 지정한다.
- --logs <String: file1, file2, ...>: 쉼표로 구분된 상태 변경 로그의 목록이나 로그 파일 이름의 정규 표현을 지정한다.

- `--logs-regex <String: regex>`: 합쳐질 상태 변경 로그 파일에 대응하는 정규 표현을 지정한다.

- `--partitions <String: 0, 1, 2, ...>`: 합쳐질 상태 변경 로그의 쉼표로 구분된 파티션 식별자 목록을 지정한다.

- `--start-time <String: start>`: 합쳐질 항목의 최초 타임스탬프를 `java.text.SimpleDateFormat` 형식으로 지정한다.

- `--topic <String: topic>`: 합쳐질 상태 변화 로그의 토픽을 지정한다.

7장에서 아파치 카프카를 관리하기 위한 시스템 도구를 살펴봤다. 이 도구의 소스코드는 https://github.com/apache/kafka/tree/1.0/core/src/main/scala/kafka/tools에서 찾아볼 수 있다.

여기서 소개한 도구에 대한 설명은 https://cwiki.apache.org/confluence/display/KAFKA/System+Tools에 있는 자료를 참고한다.

08

카프카 운영

8장에서는 다음과 같은 주제를 다룬다.

- 토픽의 추가와 삭제
- 메시지 토픽 수정
- 정상 종료 수행
- 리더십 조정
- 클러스터 확장
- 복제 팩터 추가
- 브로커 해제
- 컨슈머 오프셋 위치 확인

소개

카프카 클러스터 상에서 수행되는 여러 운영 작업을 8장에서 설명한다. 여기서 다루는 도구를 일상적으로 사용하지는 않지만, 카프카 클러스터를 관리하는 데브옵스 팀에게 도움이 되는 내용이다.

토픽의 추가와 삭제

첫 장에서 토픽을 생성하는 방법을 설명했다. 토픽은 프로그램이나 수동으로 추가할 수 있다는 점이 매우 큰 장점이고, 자동으로 토픽을 추가하도록 카프카를 설정할 수도 있다. 운영 중인 시스템에서는 자동 토픽 생성 옵션은 쓰지 않는 방법을 권하는데, 이는 데이터가 처음에 의도하지 않은 토픽으로 전송되어 프로그램 오류가 발생하는 것을 막기 위해서다.

준비사항

이번 레시피에서 카프카는 반드시 설치돼 있어야 하고, 주키퍼와 브로커는 실행 중이고, 약간의 토픽이 생성돼 있어야 한다.

구현방법

1. 카프카 설치 디렉터리로 가서 test-topic을 생성한다.

```
$ bin/kafka-topics.sh --create --zookeeper localhost:2181 --topic
test-topic --partitions 5 --replication-factor 2
```

위 명령의 출력은 다음과 같다.

```
Created topic "test-topic".
```

2. 다음 명령어를 사용해서 test-topic의 상세를 확인한다.

```
$ bin/kafka-topics.sh --describe --zookeeper localhost:2181 --topic
test-topic
```

위 명령의 출력은 다음과 같다.

```
topic:test-topic PartitionCount:10 ReplicationFactor:2
Configs:
    Topic: test-topic Partition: 0 Leader: 0 Replicas: 0 Isr: 0
    Topic: test-topic Partition: 1 Leader: 0 Replicas: 0 Isr: 0
    Topic: test-topic Partition: 2 Leader: 0 Replicas: 0 Isr: 0
    Topic: test-topic Partition: 3 Leader: 0 Replicas: 0 Isr: 0
    Topic: test-topic Partition: 4 Leader: 0 Replicas: 0 Isr: 0
```

3. 다음 명령어를 사용해서 test-topic을 삭제한다.

```
$ bin/kafka-topics.sh --delete --zookeeper localhost:2181 --topic
test-topic
```

위 명령의 출력은 다음과 같다.

```
Topic test-topic is marked for deletion.
Note: This command will not have impact if delete.topic.enable in
configuration file is not set to true.
```

동작원리

복제 팩터replication factor는 작성된 각 메시지를 복제하는 서버 수를 나타낸다. 예를 들어 복제 팩터가 4인 경우, 데이터가 손실되지 않도록 3대까지는 장애가 허용된다는 의미다. 서비스 중단 없이 서버를 재부팅할 수 있도록 한 개 이상의 복제 팩터 사용을 권한다.

파티션 수는 토픽이 얼마나 많은 로그로 분산되는지를 나타낸다. 각각의 파티션은 단일 서버에 대응하는 것임을 유념한다. 만일 네 개의 파티션을 지정했다면, 토픽은 네 대를 초과하는 서버에 의해 처리될 수 없다. 파티션 수는 또한 컨슈머의 병렬처리능력에 영향을 준다.

각 파티션은 카프카 로그 디렉터리에 개별 로그 디렉터리를 갖는다. 디렉터리 이름(log.dir, log.dirs 속성은 config/server.properties에 지정됨)은 토픽 이름과 대시dash, 파티션 식별자로 이뤄져 있다. 디렉터리 이름은 255 글자를 넘을 수 없으며, 토픽 이름의 길이도 마찬가지로 제한된다.

kafka-topics가 사용하는 파라미터에 대한 설명은 다음과 같다.

- --create: 생성할 토픽을 지정한다.
- --delete: 삭제할 토픽을 지정한다. 서버의 설정은 반드시 delete.topic.enable=true로 돼 있어야 한다. 기본값은 true다. 이 값이 false인 경우 토픽은 삭제되지 않는다.
- --describe: 주어진 토픽의 상세를 목록으로 보여준다.
- --if-exists: 이 파라미터는 토픽을 삭제할 때 사용하며, 명령의 실행은 오직 토픽이 존재할 때만 수행된다.
- --if-not-exists: 토픽을 생성할 때 사용하며, 명령 실행은 오직 토픽이 존재하지 않을 경우에만 수행된다.
- --list: 모든 토픽의 목록을 보여준다.
- --topic <String: name>: 토픽 이름을 지정한다.
- --partitions <Integer: num>: 해당 토픽에 대해서 생성할 파티션 수를 지정한다.
- --replication-factor <Integer: num>: 해당 토픽에 대해 생성할 복제replicas 수를 지정한다. 앞에서 언급했듯이 이 값은 클러스터 내의 노드 수보다 작아야 한다.

- --zookeeper <String: urls>: 주키퍼 연결 문자열을 지정하고, host:port 형식으로 여러 개를 쉼표로 구분해 지정할 수 있다.

다른 설정도 다음과 같은 형식으로 지정될 수 있다.

- --config <String: name=value>: 서버에 설정된 기본 속성을 적용한다.
- --delete-config <String: name>: 기존 토픽에 적용된 설정을 제거한다.

추가정보

적용 가능한 더 많은 설정이 있으며, 자세한 내용은 http://kafka.apache.org/documentation/#configuration에서 자료를 참고한다.

참고자료

- 브로커 수준에서의 토픽에 대한 기본값 설정은 '1장 카프카 구성하기'를 참고한다.

▌ 메시지 토픽 수정

일단 토픽이 생성되면 수정 가능하다. 수정이 필요한 예를 들면 클러스터에 새로운 노드가 추가되거나, 다른 병렬 처리 능력이 필요한 경우 등이다. 가끔은 토픽을 삭제하고 다시 시작하는 것이 올바른 해답은 아니다.

준비사항

이번 레시피에서 카프카는 반드시 설치돼 있어야 하고, 주키퍼와 브로커는 실행 중이고, 약간의 토픽이 생성돼 있어야 한다.

구현방법

1. 카프카 설치 디렉터리에서 다음 명령을 실행한다.

```
$ bin/kafka-topics.sh --zookeeper localhost:2181/chroot --alter --
topic test-topic --partitions 40 --config delete.retention.ms=10000
--delete-config retention.ms
```

이 명령은 `delete.retention.ms`를 10초로 바꾸고, `retention.ms`를 삭제한다.

 카프카는 어떤 토픽에 대해서 파티션의 수를 줄이는 것은 허용하지 않는다.

`kafka-configs` 셸이 있다. 추가하거나 삭제하는 명령 구문은 다음과 같다.

2. 토픽에 설정을 추가하는 방법은 다음과 같다.

```
$ bin/kafka-configs.sh --zookeeper host:port/chroot --entity-type
topics --entity-name topic_name --alter --add-config x=y
```

3. 토픽에서 설정을 제거하는 방법은 다음과 같다.

```
$ bin/kafka-configs.sh --zookeeper host:port/chroot --entity-type
topics --entity-name topic_name --alter --delete-config x
```

동작원리

토픽의 설정을 변경하기 위한 두 개의 셸이 있다. 하나는 이전 레시피에서 언급한 kafka-topics이고, 다른 하나는 kafka-configs다.

kafka-configs 셸이 사용하는 파라미터에 대한 설명은 다음과 같다.

- --add-config<String>: 추가할 설정의 목록을 쉼표로 구분해서, k1=v1,k2=[v1,v2,v2],k3=v3 같은 형식으로 추가한다.
- --alter: 엔티티entity에 대한 설정을 수정할 때 사용한다.
- --delete-config <String>: 제거할 설정을 쉼표로 구분된 목록으로 설정한다.
- --describe: 주어진 엔티티에 대한 현재 설정의 목록을 보여준다.
- --entity-name <String>: 엔티티 이름이다.
- --entity-type <String>: 엔티티 유형으로 토픽, 클라이언트, 사용자, 브로커 등이 될 수 있다.
- --zookeeper <String: urls>: 주키퍼 연결 문자열을 지정하는 필수 파라미터다. host:port 형식으로 여러 개를 쉼표로 구분해서 지정할 수 있다.

추가정보

kafka-configs.sh는 토픽만을 위한 것이 아니라, 클라이언트와 사용자 및 브로커 설정을 변경할 때에도 사용할 수 있다는 점을 유념한다.

참고자료

- 활용 가능한 더 많은 설정이 있으며, 자세한 내용은 http://kafka.apache.org/documentation/#topicconfigs 링크를 참고한다.

▌정상 종료 수행

운영 시스템에서 갑작스러운 서비스 종료는 불가피한 상황에 의해서 발생한다. 예를 들면 전원이 차단되거나 갑작스러운 재부팅 등이다. 하지만 일반적으로 서버의 유지보수 작업이나 설정의 변경 등의 이유로 계획적인 종료를 수행한다. 이 같은 과정에서 클러스터 내의 각 노드에 대한 정상적인 시스템 종료가 필요하고, 깔끔한 유지보수와 함께 데이터 손실 없이 운영하는 것이 바람직하다.

준비사항

이번 레시피를 위해서 카프카가 반드시 설치돼 있어야 한다.

구현방법

1. 우선 config/server.properties 카프카 설정 파일을 열고, 다음 내용을 추가한다.

```
controlled.shutdown.enable=true
```

2. 모든 노드를 시작한다.
3. 모든 클러스터 노드가 실행 중인 상태에서, 카프카 설치 디렉터리로 가서, 다음 명령어를 사용해 브로커 한 개를 종료한다.

```
$ bin/kafka-server-stop.sh
```

동작원리

contolled.shutdown이 활성화되면, 서버의 종료가 다음과 같이 올바르게 진행된다.

- 모든 로그를 디스크에 기록해 브로커를 재시작해도 아무런 문제가 없도록 한다.
- 해당 노드가 리더[leader]인 경우, 다른 노드가 파티션에 대한 리더가 되도록 보장한다.

이는 또한 각 파티션의 다운타임을 상당히 줄이는 효과가 있다.

이렇게 잘 관리되는 종료 과정은 모든 파티션이 복제[replica]를 갖고 있는 브로커에 의해 구성된 경우에만 성공한다(복제 팩터는 1보다 큰 수이고, 최소 한 개의 복제가 살아 있어야 한다).

▌ 리더십 조정

토픽 파티션의 리더[leader] 브로커는 비정상 종료되거나 중지되기도 해서, 리더십이 다른 복제로 이동한다. 이런 경우에 카프카 브로커 조정에 문제(리더가 죽거나 응답이 없는 경우)가 생긴다. 이 같은 장애에서 복구되려면, **리더십 조정**[balancing]이 필요하다.

준비사항

이번 레시피에서는 카프카 클러스터가 몇 개의 노드로 구성돼 있어야 한다. 카프카 노드 중에 한 개는 종료시키고, 이후에 복구한다.

구현방법

카프카 설치 디렉터리에서 다음 명령어를 실행한다.

```
$ bin/kafka-preferred-replica-election.sh --zookeeperlocalhost:2181/chroot
```

동작원리

파티션에 대한 목제 목록이 [3,5,8]인 경우, 5, 8번보다는 3번 노드가 리더로 선호된다. 이는 복제 목록에서 앞부분에 있기 때문이다. 위 명령을 실행함으로서, 카프카 클러스터는 복구된 복제로 리더십의 복구를 시도한다.

어떻게 동작하는지 설명하기 위해 리더가 중지된 후, 새로운 카프카 노드가 클러스터에 합류했다고 가정해보자. 위 명령은 직접적인 작업이 할당되지 않으면서 슬레이브slave로 동작하는 것을 피하고, 부하를 가용한 노드에 분산하도록 한다.

위 명령이 사용하는 파라미터는 다음과 같다.

- `--zookeeper <String: urls>`: 필수 파라미터로, 주키퍼 연결 문자열을 `host:port` 형식으로 쉼표로 구분해서 지정한다. 이 파라미터는 동일한 주키퍼 클러스터를 사용하는 한 개 이상의 카프카 클러스터가 있을 때 유용하다.

추가정보

위의 명령을 계속 실행할 필요는 없다. 카프카가 자동으로 이런 작업을 하도록 설정에서 다음의 플래그를 활성화한다.

```
auto.leader.rebalance.enable = true
```

▎ 클러스터 확장

현재의 클러스터에 노드를 추가하는 것은 새로운 카프카 클러스터를 구성하는 것과는 다르다. 현재 클러스터에 노드를 추가하는 작업은 간단하다. 이 작업은 고유한 브로커 식별자를 할당하면 되지만, 데이터를 자동으로 받지는 않을 것이다. 어떤 파티션의 복제가 어디로 전달돼야 하는지 지정하는 클러스터의 재설정이 필요하다. 그래야 파티션이 새로 추가된 노드로 이동한다. 이번 레시피에서 이 같은 작업을 설명한다.

준비사항

이번 레시피에서 카프카는 반드시 설치돼 있어야 하고, 주키퍼와 브로커는 실행 중이고, 약간의 토픽이 생성돼 있어야 한다.

구현방법

1. 이번 레시피는 기존 토픽(topic_1, topic_2)의 모든 파티션을 옮긴다. 새로 생성된 브로커는 broker_7과 broker_8이다. 브로커 1부터 6까지는 이미 존재했다고 가정하자. 이동 작업이 끝나면, topic_1과 topic_2에 대한 모든 파티션은 broker_7, broker_8에만 위치할 것이다.

2. 다음 도구는 JSON 파일만 입력으로 허용한다. 다음과 같이 JSON 파일을 생성한다.

```
$ cat to_reassign.json

{"topics": [{"topic": "topic_1"},
    {"topic": "topic_2"}],
"version":1
}
```

3. JSON 파일이 준비되면 파티션 재할당(아직 실행하지 않았다)을 위한 도구를 사용해 다음의 명령을 실행한다.

```
$ bin/kafka-reassign-partitions.sh --zookeeper localhost:2181 --
topics-to-move-json-file to_reassign.json --broker-list "7,8" --generate
```

다음과 같은 형태로 출력된다.

```
Current partition replica assignment
{"version":1,
"partitions":[{"topic":"topic_1","partition":0,"replicas":[1,2]},

{"topic":"topic_1","partition":1,"replicas":[3,4]},

{"topic":"topic_1","partition":2,"replicas":[5,6]},

{"topic":"topic_2","partition":0,"replicas":[1,2]},

{"topic":"topic_2","partition":1,"replicas":[3,4]},

{"topic":"topic_2","partition":2,"replicas":[5,6]}]
}
Proposed partition reassignment configuration
{"version":1,
"partitions":[{"topic":"topic_1","partition":0,"replicas":[7,8]},

{"topic":"topic_1","partition":1,"replicas":[7,8]},

{"topic":"topic_1","partition":2,"replicas":[7,8]},

{"topic":"topic_2","partition":0,"replicas":[7,8]},

{"topic":"topic_2","partition":1,"replicas":[7,8]},

{"topic":"topic_2","partition":2,"replicas":[7,8]}]
}
```

아직은 제안하는 단계다. 클러스터에는 어떠한 변경도 발생하지 않았다. 마지막 재할당 작업은 새로운 JSON 파일로 지정돼야 한다.

4. 새로운 설정을 생성했으면, 위에 제시된 내용에서 약간 수정해보자. 이전 단계의 출력을 사용해서 새로운 JSON 파일을 만든다. 여러 파티션의 대상 위치destination 를 수정한다.

5. 필요에 따라 각 파티션을 특정 노드로 이동할 수 있도록, JSON 파일(custom–assignment.json)을 편집한다.

```
{"version":1,
"partitions":[ {"topic":"topic_1","partition":0,"replicas":[7,8]},

{"topic":"topic_1","partition":1,"replicas":[7,8]},

{"topic":"topic_1","partition":2,"replicas":[7,8]},

{"topic":"topic_2","partition":0,"replicas":[7,8]},

{"topic":"topic_2","partition":1,"replicas":[7,8]}]

{"topic":"topic_2","partition":2,"replicas":[7,8]},
    }
```

6. 이제 카프카 설치 디렉터리에서 다음 명령을 실행해 재할당 작업을 수행한다.

```
$ bin/kafka-reassign-partitions.sh --zookeeper localhost:2181 --
reassignment-json-file custom-assignment.json --execute
```

다음과 같은 형태로 위 명령에 결과가 출력된다.

```
  Save this to use as the --reassignment-json-file option during
    rollback
  Successfully started reassignment of partitions
  {"version":1,
"partitions":[{"topic":"topic_1","partition":0,"replicas":[7,8]},

{"topic":"topic_1","partition":1,"replicas":[7,8]},

{"topic":"topic_1","partition":2,"replicas":[7,8]},

{"topic":"topic_2","partition":0,"replicas":[7,8]},
```

```
{"topic":"topic_2","partition":1,"replicas":[7,8]}]

{"topic":"topic_2","partition":2,"replicas":[7,8]},
    }
```

7. 이제 파티션 재할당을 확인하기 위해 앞에서와 동일한 명령을 실행한다.

```
$ bin/kafka-reassign-partitions.sh --zookeeper localhost:2181 -
-reassignment-json-file custom-assignment.json --verify
```

다음과 같은 형태로 출력된다.

```
Status of partition reassignment:
Reassignment of partition [topic_1,0] completed successfully
Reassignment of partition [topic_1,1] completed successfully
Reassignment of partition [topic_1,2] is in progress
Reassignment of partition [topic_2,0] completed successfully
Reassignment of partition [topic_2,1] is in progress
Reassignment of partition [topic_2,2] is in progress
```

동작원리

첫 번째 단계에서 재할당할 토픽을 가지고 JSON 파일을 생성했다.

두 번째 단계에서는 파티션 재할당 도구를 사용해 지정된 카프카 토픽에 대한 추천 설정을 생성했다. 이 도구는 다음과 같은 파라미터를 사용한다.

- --broker-list <String: brokerlist>: 재할당이 필요한 파티션의 0,1,2 형태로 지정한 브로커다. 재할당 설정을 생성하기 위해, --topics-to-move-json-file 옵션을 사용하면 필요하다.
- --execute: 재할당을 reassignment-json-file에 지정된 대로 시작한다.

- --generate: 후보^{candidate} 파티션 재할당 설정을 생성한다. 실제로 실행하지는 않는다.
- --reassignment-json-file <String: file>: 파티션 재할당 설정의 JSON 파일명이다.
- --topics-to-move-json-file <String: file>: 새로운 할당 설정을 생성한다. 설정은 --broker-list 옵션에 지정된 브로커로 지정된 토픽의 파티션을 이동하는 내용이다.
- --verify: 새로운 할당 작업이 --reassignment-json-file의 내용대로 완료됐는지 확인한다.
- --zookeeper <String: urls>: 필수 파라미터다. 주키퍼 연결을 위한 문자열을 host:port 형식으로 지정한다. 장애처리^{fail-over}를 위해 여러 개를 지정할 수 있다.

실행 단계에서는 원래의 복제본에서 새로운 본제본으로 데이터를 옮기는 것부터 시작한다. 이동할 데이터의 양에 따라 시간이 다소 걸린다. 마지막으로 이동한 결과를 확인하기 위해서 verify 명령을 실행한다. 이 명령은 여러 파티션들의 현재 상태를 표시한다.

추가정보

원상복구^{rollback}를 위해서는 위의 두 번째 단계에서 생성한 설정파일을 저장하고, 이 레시피를 응용해서 원래 설정으로 토픽을 이동한다.

▌ 복제 팩터 추가

카프카 클러스터에 더 많은 서버가 추가되면, 복제 팩터를 늘리는 것은 토픽에 대한 복제를 새로운 서버로 옮기는 것을 의미한다.

준비사항

이번 레시피에서 카프카는 반드시 설치돼 있어야 하고, 주키퍼와 브로커는 실행 중이고, 약간의 토픽이 생성돼 있어야 한다. 새로운 노드가 시작하고, 클러스터에 추가한다.

구현방법

이번 예제에서는 topic_1 토픽의 0번 파티션에 대한 복제 팩터를 2에서 4로 증가시킨다. 복제 팩터를 늘리기 전에, 파티션의 유일한 복제는 brokers 3과 4에만 위치한다. 이번 예제에서 복제를 브로커 5와 6에 추가할 것이다.

1. 다음의 코드를 사용해 increase-replication.json 이름으로 JSON 파일을 생성한다.

```
$cat increase-replication.json
{"version":1,
"partitions":[{"topic":"topic_1","partition":0,"replicas":[3,4,5,6]}]}
```

2. 다음 명령을 실행한다.

```
$ bin/kafka-reassign-partitions.sh --zookeeper localhost:2181 --
reassignment-json-file increase-replication-factor.json --execute
```

동작원리

처음에 factor 2를 가지고 topic_1을 생성했다. 클러스터는 broker 3과 4를 갖고 있다. 이 제 5, 6번 브로커를 클러스터에 추가했다.

여기서 생성한 JSON 파일은 수정할 파티션을 나타낸다. JSON 파일에서 토픽, 파티션 식별자, 복제 브로커 목록을 지정했다. 일단 이것을 실행하면, 새로운 카프카 브로커가 해당 토픽의 복제를 시작한다.

이 명령의 파라미터는 이전 레시피에서 다뤘다.

추가정보

재할당 상태를 확인하려면, 다음 명령을 실행한다.

```
$ bin/kafka-reassign-partitions.sh --zookeeper localhost:2181 --
reassignment-json-file increase-replication.json --verify
```

▌ 브로커 해제

카프카 클러스터는 확장될 수 있듯이 줄일 수도 있다. 일부 노드의 제거가 필요한 상황도 있다. 클러스터에서 카프카 노드를 제거하는 작업을 **해제**decommissioning라고 한다. 이 작업은 자동으로 처리되지 않고, 복제를 살아남은 브로커로 이동하기 위해 일부 재할당이 필요하다.

준비사항

1. 우선 제거할 브로커를 정상 종료한다.
2. 종료가 완료되면, 다음 내용으로 change-replication.json 이름의 JSON 파일을 생성한다.

```
{"version":1,
"partitions":[{"topic":"topic_1","partition":0,"replicas":[1,2]}]}
```

3. 살아남는 두 개의 브로커로 reassign-partitions 명령을 사용해 토픽을 재할당한다.

```
$ bin/kafka-reassign-partitions.sh --zookeeper localhost:2181 --
reassignment-json-file change-replication.json --execute
```

동작원리

노드를 종료하고 나서, 브로커에 해당하는 파티션의 해제를 진행한다.

종료하는 과정은 내부적으로 다음과 같다.

1. 해당 노드의 모든 리드lead 파티션에 대한 로그를 디스크에 기록한다.
2. 리드를 이동하고 나면, 해당 노드는 결국 종료된다.

JSON 파일에서 어떤 복제가 어떤 파티션의 일부인지 지정했다. 확실하게 해제하는 노드와 관련된 모든 레퍼런스를 제거한다.

위의 명령어를 실행하는 과정에서 JSON 파일 내용을 가지고, 카프카 클러스터 내의 파티션 복제 정보를 업데이트한다.

▌ 컨슈머 오프셋 위치 확인

가끔은 컨슈머의 오프셋 위치를 확인할 필요가 있다. 여기서는 컨슈머가 얼마나 생성된 메시지로부터 뒤처져 있는지 확인할 수 있는 도구를 다룬다.

준비사항

이번 레시피에서 카프카는 반드시 설치돼 있어야 하고, 주키퍼와 브로커는 실행 중이고, 약간의 토픽이 생성돼 있어야 한다. 또한 토픽에서 읽을 컨슈머를 실행해야 한다.

구현방법

카프카 디렉터리에서 다음 명령을 실행한다.

```
$ bin/kafka-consumer-groups.sh --bootstrap-server localhost:9092 --describe
--group vipConsumersGroup
```

위에 대한 출력은 다음과 같다.

```
  TOPIC  PARTITION  CURRENT-OFFSET  LOG-END-OFFSET  LAG  CONSUMER-ID
HOST                      CLIENT-ID
    source-topic             0          1              1
0          consumer-1-beff4c31-e197-455b-89fb-cce53e380a26   /192.168.1.87
consumer-1
```

동작원리

Kafka-Consumer-Groups 명령은 다음과 같은 인수를 사용한다.

- --group <String: consumer group>: 작업할 컨슈머 그룹이다.
- --bootstrap-server <String: server to connect>: 컨슈머 그룹(새 컨슈머)에 대한 연결 서버다.
- --zookeeper <String: urls>: 쉼표로 구분된 host:port 형식의 주키퍼 연결(기존 컨슈머의 컨슈머 그룹) 문자열이다.
- --topic <String: topic>: 작업할 컨슈머 그룹의 토픽이다.
- --list: 브로커의 모든 컨슈머 그룹의 목록을 나타낸다.
- --describe: 컨슈머 그룹과 오프셋 지연(처리되지 않은 메시지 수) 목록을 나타낸다.
- --reset-offsets: 컨슈머 그룹의 오프셋을 초기화한다.

- --delete: 전체 컨슈머 그룹에서 삭제할 토픽 파티션 오프셋과 소유^{ownership} 정보를 전달한다.

8장에서 아파치 카프카의 운영을 위한 몇 가지 시스템 도구를 살펴봤다. 9장에서는 카프카에서 모니터링을 수행하고 보안을 적용하는 방법을 설명한다.

09

모니터링과 보안

9장에서는 다음과 같은 주제를 다룬다.

- 서버 지표 모니터링
- 프로듀서 지표 모니터링
- 컨슈머 지표 모니터링
- 그래파이트를 사용한 모니터링
- 갱글리아를 사용한 모니터링
- SSL을 사용하는 인증 구현
- SASL/커버러스를 사용하는 인증 구현

▌ 소개

9장은 모니터링과 보안이라는 두 개의 중요한 주제를 다룬다. 카프카 클러스터가 운영 시스템으로서 잘 동작하는지 인지하는 것은 매우 중요하다. 일부는 클러스터가 잘 시작됐는지 정도만 확인해도 되겠지만, 처리량과 처리속도를 확인하는 것 또한 중요한 부분이다. 카프카에서는 모니터링을 목적으로 중요한 통계적 상태 지표를 볼 수 있다. 9장의 앞부분에서는 다양한 통계와 노출 방법을 다루고, 그래파이트Graphite와 갱글리아Ganglia를 사용해 통계 자료를 모니터하는 방법도 설명한다.

9장의 후반부에서는 보안을 주제로 다룬다. 여기서 보안은 간단히 말해 SSL 인증과 SASL/커버러스Kerberos 인증을 구현하는 방법을 말한다.

▌ 서버 지표 모니터링

카프카는 야머 메트릭Yammer metrics을 사용해 모니터할 지표 데이터를 제공한다. 야머 메트릭은 게이지gauge, 카운터counter, 미터meter, 히스토그램histogram, 타이머timer, 건강 검진health check 등 여섯 가지 유형의 지표를 게시expose하는 프로토콜이다. 이번 레시피에서는 서버 측에서 카프카가 게시한 지표metrics를 모니터하는 방법을 보여준다. 다음으로 이어지는 레시피에서는 프로듀서와 컨슈머에 관련된 지표를 다룬다.

준비사항

이번 레시피에서는 카프카 브로커만 실행 중이면 된다.

JMX 포트를 설정하기 위해서 카프카 설치 디렉터리에서 다음 명령을 사용해 브로커를 시작한다.

```
$ JMX_PORT=10101 bin/kafka-server-start.sh config/server.properties
```

또한 JConsole은 반드시 설치돼야 한다. 다음 명령을 사용해 설치를 확인한다.

```
$ jconsole
```

구현방법

1. 다음 명령으로 JConsole을 실행한다.

```
$ jconsole 127.0.0.1:10101
```

2. 다음 그림과 같이 시간에 따른 여러 파라미터의 경과를 볼 수 있다.

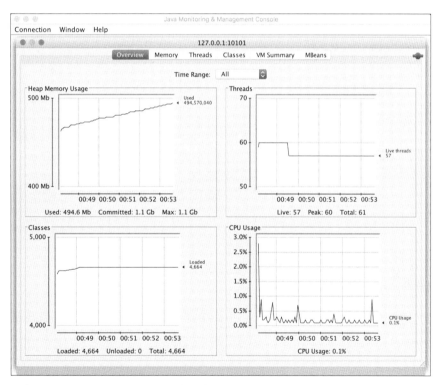

그림 9-1 jconsole 127.0.0.1:10101 명령을 실행한 JConsole 화면

3. MBeans 탭으로 이동해 카프카 서버 지표metrics를 확장한다.

그림 9-2 카프카 서버 지표를 보여주는 JConsole의 MBeans 탭

모든 카프카 지표 값은 분석이 가능하다.

동작원리

카프카가 허용한 JMX 포트로 JConsole 애플리케이션의 연결이 가능하다. JConsole을 사용하면 모든 지표를 읽을 수 있다. MBean 객체의 형태로 카프카가 제공하는 지표에 대한 설명은 다음과 같다.

- `kafka.server:type=BrokerTopicMetrics,name=MessagesInPerSec`: 1초당 카프카에 들어온 메시지의 수를 의미한다. 이 값에는 1분 비율, 5분 비율, 15분 비율 및 평균 비율 같은 계수 값이 있다.

- `kafka.server:type=ReplicaManager,name=UnderReplicatedPartition`: 기준을 만족시키지 못한 복제replica에 대한 파티션의 수다. 이 값이 0보다 큰 값이면, 클러스터는 설계대로 파티션을 복제하는 데 문제가 있다는 것이다.

- `kafka.controller:type=KafkaController,name=ActiveControllerCount`: 리더 재선정을 위한 활동 중인 카프카 컨트롤러 수를 말한다.

- `kafka.controller:type=ControllerStats,name=LeaderElectionRateAndTimeMs`: 리더의 선정이 발생하는 비율과 관련 처리 과정에 소요된 시간이다. 50, 75, 95, 98, 99, 99.9처럼 백분율로 값을 주며, 리더 선정에 소요된 시간을 알려준다. 또한 1분, 5분 15분 비율로 카운트 값을 준다.

- `kafka.controller:type=ControllerStats,name=UncleanLeaderElectionsPerSec`: 잘못된 리더 선정의 통계를 알려준다. 또한 이 값을 평균율, 1분, 5분, 15분 비율로 카운트해준다.

- `kafka.server:type=ReplicaManager,name=PartitionCount`: 특정 카프카 노드의 전체 파티션 수를 알려준다.

- `kafka.server:type=ReplicaManager,name=LeaderCount`: 특정 카프카 노드의 전체 리더 파티션 수를 알려준다.

- `kafka.server:type=ReplicaManager,name=IsrShrinksPerSec`: 동기화 중인 복제가 감소하는 비율을 말한다. 또한 이 값을 평균율과 1분, 5분, 15분 비율로 알려줄 수 있다. 이벤트 수도 제공한다.

- `kafka.server:type=ReplicaManager,name=IsrExpandsPerSec`: 동기화 중인 복제가 확장되는 비율을 말한다. 또한 이 값을 평균율과 1분, 5분, 15분 비율로 알려줄 수 있다. 이벤트 수도 제공한다.

- kafka.server:type=ReplicaFetcherManager,name=MaxLag,clientId=Replica: 리더와 복제본 사이의 최대 지연 시간을 말한다.

참고자료

- 모니터링을 위해 가용한 여러 카프카의 MBeans를 JConsole의 **MBean** 탭에서 볼 수 있다.

▌ 프로듀서 지표 모니터링

서버와 마찬가지로 프로듀서와 관련된 지표도 있다.

준비사항

이번 레시피에서는 카프카 브로커가 실행 중이고, JConsole이 설치돼 있어야 한다.

구현방법

1. 다음 명령어를 사용해서 JMX 파라미터를 가지고 test_topic에 대한 콘솔 프로듀서를 시작한다.

```
$ JMX_PORT=10102 bin/kafka-console-producer.sh --broker-list
localhost:9092 --topic test_topic
```

2. 다음 명령으로 JConsole을 실행한다.

```
$ jconsole 127.0.0.1:10102
```

3. 다음 그림과 같이 카프카 프로듀서 메트릭에서 **MBeans** 탭을 보자.

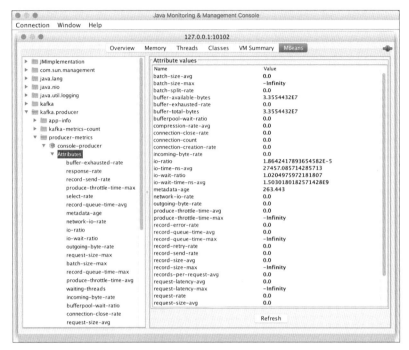

그림 9-3 MBeans 탭은 카프카 프로듀서 지표를 보여준다.

동작원리

JConsole에서 **MBeans** 탭으로 이동하면 몇 가지 프로듀서 지표가 보인다. 일부 지표의 설명은 다음과 같다.

- `kafka.producer:type=ProducerRequestMetrics,name=ProducerRequestRateA`
  `ndTimeMs,clientId=console-producer`: 프로듀서의 요청수를 말하며, 지연 시간도 포함돼 있다. 지연은 50, 75, 95,98, 99, 99.9 등과 같은 백분율로 제공된다. 또한 데이터를 생성하는 데 소요된 시간을 평균값, 1분, 5분, 15분 평균 등으로 제공하고, 카운트도 볼 수 있다.

- kafka.producer:type=ProducerRequestMetrics,name=ProducerRequestSize, clientId=console-producer: 프로듀서 요청^{request}의 크기를 알려준다. 카운트, 평균값, 최대, 최소, 표준편차, 백분율로 표시된 요청의 크기 등을 알려준다.
- kafka.producer:type=ProducerStats,name=FailedSendsPerSec,clientId=console-producer: 초당 실패한 전송수를 알려준다. 또한 실패한 요청에 대한 카운트, 평균값과 1분, 5분, 15분 평균 비율을 제공한다.
- kafka.producer:type=ProducerStats,name=SerializationErrorsPerSec,clientId=console-producer: 초당 발생한 직렬화^{serialization} 오류를 알려준다. 또한 직렬화 오류에 대한 카운트, 평균율과 1분, 5분, 15분 단위의 평균값을 제공한다.
- kafka.producer:type=ProducerTopicMetrics,name=MessagesPerSec,clientId=console-producer: 초당 생성된 메시지 수를 알려준다. 또한 초당 생성된 메시지에 대한 카운트, 평균율과 1분, 5분, 15분 평균값을 제공한다.

참고자료

- 프로듀서 지표에 대한 더 자세한 내용은 https://kafka.apache.org/documentation.html#monitoring 사이트의 자료를 참고한다.

▎ 컨슈머 지표 모니터링

프로듀서 지표와 마찬가지로 컨슈머에 관한 지표를 살펴보자.

준비사항

이번 레시피에서는 카프카 브로커가 실행 중이고, JConsole이 설치돼 있어야 한다.

구현방법

1. JMX 파라미터로 test_topic에 대한 콘솔 컨슈머를 실행한다.

```
$ JMX_PORT=10103 bin/kafka-console-consumer.sh --bootstrap-server
localhost:9092 --from-beginning --topic test_topic
```

2. 다음 명령으로 JConsole을 실행한다.

```
$ jconsole 127.0.0.1:10103
```

3. 다음 그림과 같이 **MBeans** 탭에서 카프카 컨슈머 지표를 볼 수 있다.

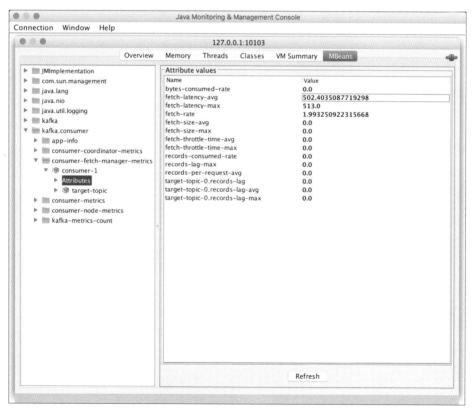

그림 9-4 카프카 컨슈머 지표를 보여주는 MBeans 탭

동작원리

JConsole의 **MBeans** 탭으로 이동하면 다음과 같은 여러 컨슈머 지표를 볼 수 있다.

- `kafka.consumer:type=ConsumerFetcherManager,name=MaxLag,clientId=test-consumer-group`: 컨슈머에서 프로듀서보다 뒤쳐진 메시지 수를 알려준다.

- `kafka.consumer:type=ConsumerFetcherManager,name=MinFetchRate,clientId=test-consumer-group`: 컨슈머가 브로커에게 전송한 가져오기^{fetch} 요청의 최소 비율을 제공한다. 컨슈머가 죽을 경우 이 값은 0에 가까운 값이 된다.

- `kafka.consumer:type=ConsumerTopicMetrics,name=BytesPerSec,clientId=test-consumer-group`: 초당 사용된^{consumed} 바이트 수를 말한다. 초당 사용된 바이트에 대해서 카운트, 평균율과 1분, 5분, 15분 평균값을 제공한다.

- `kafka.consumer:type=ConsumerTopicMetrics,name=MessagesPerSec,clientId=test-consumer-group`: 초당 사용된 메시지 수를 제공한다. 초당 사용된 메시지에 대해서 카운트, 평균율과 1분, 5분, 15분 평균값을 제공한다.

- `kafka.consumer:type=FetchRequestAndResponseMetrics,name=FetchRequestRateAndTimeMs,clientId=test-consumer-group`: 컨슈머의 가져오기 요청 비율과 처리 과정의 대기시간을 알려주고, 50, 75, 95, 98, 99, 99.9와 같이 백분율로도 제공한다. 또한 데이터를 사용하는데 소요된 시간을 평균값, 1분, 5분, 15분 비율로 제공한다. 카운트도 알 수 있다.

- `kafka.consumer:type=FetchRequestAndResponseMetrics,name=FetchResponseSize,clientId=test-consumer-group`: 컨슈머가 가져온 데이터의 크기다. 카운트, 평균, 최대, 최소, 표준편차, 요청 크기 백분율을 제공한다.

- `kafka.consumer:type=ZookeeperConsumerConnector,name=FetchQueueSize,clientId=test-consumer-group,topic=mytesttopic,threadId=0`: 클라이언트 ID, 스레드 ID와 요청된 토픽에 대한 가져오기 요청의 대기열 크기다.

- `kafka.consumer:type=ZookeeperConsumerConnector,name=KafkaCommitsPerS ec,clientId=test-consumer-group`: 초당 카프카가 커밋^{commit}한 데이터 크기다. 카운트, 평균값과 1분, 5분, 15분 평균율을 제공한다.

- `kafka.consumer:type=ZookeeperConsumerConnector,name=RebalanceRateAnd Time,clientId=test-consumer-group`: 컨슈머에 대한 대기시간과 리밸런스 비율을 제공한다. 대기시간 백분율로도 알려주며, 리밸런스에 대한 소요시간, 평균값과 1분, 5분, 15분 평균을 카운트로 제공한다.

- `kafka.consumer:type=ZookeeperConsumerConnector,name=ZooKeeperCommits PerSec,clientId=test-consumer-group`: 주키퍼가 초당 커밋한 데이터 크기를 말한다. 카운트, 평균값과 1분, 5분, 15분 평균율로도 제공한다.

참고자료

- 컨슈머 지표에 대한 더 자세한 내용은 https://kafka.apache.org/documentation.html#monitoring 링크를 참고할 수 있다.

▌ 그래파이트를 사용한 모니터링

그래파이트는 실시간으로 데이터를 진단하는 시스템이다. 주기적으로 시스템 성능 그래프를 연결해서 가져오는 기능을 갖고 있다. 이번 레시피는 카프카로부터 시스템 성능을 어떻게 가져오는지 다룬다.

준비사항

이번 레시피에서는 카프카 브로커와 그래파이트 서버를 실행하고 있어야 한다.

구현방법

1. 카프카 그래파이트 메트릭metrics 리포터 코드를 https://github.com/damiencla
   veau/kafka-Graphite/archive/master.zip 링크에서 다운로드한다.

2. 다음 명령어를 사용해 압축을 해제한다.

```
$ unzip master.zip
```

3. 압축을 해제한 디렉터리에서 메이븐Maven의 clean package 명령을 실행한다.

```
$ mvn clean package
```

4. 앞의 명령이 kafka-Graphite-1.0.0.jar 파일을 ./target 디렉터리에 생성했을
   것이다.

5. .m2/repository/com/yammer/metrics 메이븐 디렉터리에 /metrics-Graphite
   -2.2.0.jar 파일이 생성돼 있을 것이다.

6. 위의 두 파일을 카프카 설치 디렉터리의 /libs에 복사한다.

7. server.properties 파일에 다음의 내용을 추가한다.

```
kafka.metrics.reporters=com.criteo.kafka.kafkaGraphiteMetricsReporter
kafka.graphite.metrics.reporter.enabled=true
kafka.graphite.metrics.host=localhost
kafka.graphite.metrics.port=8649
kafka.graphite.metrics.group=kafka
```

8. 카프카 노드를 시작한다. 그래파이트 시스템은 카프카에서 지표의 수신을 시작
   할 것이다.

9. 이전 레시피에서 언급한 카프카 파라미터를 모니터하는 그래파이트 그래프를 생
   성한다.

동작원리

여기서 첫 번째 단계는 카프카 그래파이트 메트릭 리포터의 코드를 다운로드하는 것이다. 다음으로 메이븐이 패키지 파일을 빌드한다.

생성된 두 개의 JAR 파일(kafka-Graphite-1.0.0.jar, metrics-Graphite-2.2.0.jar)을 lib 디렉터리에 옮기면, 카프카가 시작할 때 이를 로드할 수 있다.

server.properties 항목은 다음과 같다.

- kafka.metrics.reporters: 메트릭스 보고서로 읽어올 카프카 클래스를 말한다. 9장의 첫 번째 레시피에서 언급했듯이, 카프카는 야머 메트릭을 사용한다. 쉼표로 구분된 형태의 클래스 이름을 갖고 여러 개의 메트릭 리포터를 가질 수 있다. 카프카 그래파이트 메트릭 리포터에 대한 클래스는 com.criteo.kafka. KafkaGraphiteMetricsReporter이다.
- kafka.Graphite.metrics.reporter.enabled: 카프카가 그래파이트 메트릭을 활성화한다. 이 값이 true인 경우, 관련 지표가 보고된다.
- kafka.Graphite.metrics.host: 그래파이트 시스템의 호스트명이다.
- kafka.Graphite.metrics.port: 그래파이트 시스템의 포트 번호다.
- kafka.Graphite.metrics.group: 카프카 인스턴스에서 그래파이트로 보고할 지표에 대해 사용하는 그룹의 이름이다.

참고자료

- 카프카 그래파이트 리포터에 대한 소스 코드와 더 자세한 사항은 https://github. com/damienclaveau/kafka-graphite 링크를 참고할 수 있다.

갱글리아를 사용한 모니터링

갱글리아는 카프카를 모니터하기 위해 사용되는 또 하나의 중요한 프레임워크다. 이번 레시피에서는 갱글리아로 지표를 리포트하기 위한 카프카 설정을 보여준다.

준비사항

카프카를 사용자 컴퓨터에 설치한다.

구현방법

1. https://github.com/criteo/kafka-ganglia/archive/master.zip 링크에서 카프카 갱글리아 메트릭 리포터를 다운로드한다.

2. 다음 명령으로 압축을 해제한다.

```
$ unzip master.zip
```

3. 압축을 해제한 디렉터리에서 메이븐의 clean package 명령을 실행한다.

```
$ mvn clean package
```

4. 이전 명령으로 ./target 디렉터리에 kafka-ganglia-1.0.0.jar 파일이 생성된다.

5. .m2/repository/com/yammer/metrics 메이븐 디렉터리에 /metrics-ganglia -2.2.0.jar 파일이 생성돼 있다.

6. 위의 두 파일을 카프카 설치 디렉터리의 /libs에 복사한다.

7. server.properties 파일에 다음 내용을 추가한다.

```
kafka.metrics.reporters=com.criteo.kafka.kafkaGangliaMetricsReporter
kafka.ganglia.metrics.reporter.enabled=true
```

```
kafka.ganglia.metrics.host=localhost
kafka.ganglia.metrics.port=8649
kafka.ganglia.metrics.group=kafka
```

8. 카프카 노드를 시작한다. 갱글리아 리포터 시스템은 카프카로부터 지표를 받기 시작한다.

9. 카프카 지표들을 모니터하기 위한 갱글리아 대시보드dashboard를 생성한다. 그리고 이 컴퓨터에서 카프카 노드를 시작해야 한다.

동작원리

첫 번째 단계는 카프카 갱글리아 리포터 시스템의 코드를 다운로드하는 것이다. 다음으로 메이븐이 패키지 파일을 빌드한다.

여기서 생성된 두 개의 파일(kafka-ganglia-1.0.0.jar, metrics-ganglia-2.2.0.jar)을 lib 디렉터리에 옮기고 나면, 카프카는 시작할 때 해당 파일을 읽어온다.

server.properties 항목은 다음과 같다.

- kafka.metrics.reporters: 메트릭스 보고서로 읽어올 카프카 클래스를 말한다. 9장의 첫 번째 레시피에 언급했듯이, 카프카는 야머 메트릭을 사용한다. 쉼표로 구분된 형태의 클래스 이름을 갖고 여러 개의 메트릭 리포터를 가질 수 있다. 카프카 갱글리아 메트릭 리포터에 대한 클래스는 com.criteo.kafka. KafkaGangliaMetricsReporter이다.

- kafka.ganglia.metrics.reporter.enabled: 카프카가 갱글리아 메트릭을 활성화한다. 이 값이 true인 경우, 관련 지표가 보고된다.

- kafka.ganglia.metrics.host: 갱글리아 시스템의 호스트명이다.

- kafka.ganglia.metrics.port: 갱글리아 시스템의 포트 번호다.

- kafka.ganglia.metrics.group: 카프카 인스턴스에서 갱글리아로 보고할 지표에 대해 사용하는 그룹의 이름이다.

참고자료

- 카프카 갱글리아 메트릭 리포터의 소스 코드와 자세한 사항은 https://github.com/criteo/kafka-ganglia 링크를 참고할 수 있다.
- 카프카에 대한 나머지 JMX 리포터는 https://cwiki.apache.org/confluence/display/KAFKA/JMX+Reporters 링크를 참고한다.

▌ SSL을 사용하는 인증 구현

클라이언트와 브로커 간의 통신은 지정된 포트를 사용하도록 SSL을 활용할 수 있다. 기본값으로 이 포트는 비활성화돼 있다. 이번 레시피에서는 SSL을 사용해서 암호화하는 방법을 보여준다.

구현방법

1. 다음과 같은 명령으로 자바의 keytool을 사용해 각각의 컴퓨터에서 SSL 키를 생성한다.

```
keytool -keystore kafka.server.keystore.jks -alias localhost -
validity {validity} -genkey
```

이 명령에서 validity는 인증서의 유효기간(일)이다.

2. 자신만의 **인증서 관리자**CA, Certificate Authority를 생성하려면, 다음 명령을 실행한다.

```
openssl req -new -x509 -keyout ca-key -out ca-cert -days {validity}
```

3. 클라이언트의 신뢰할 수 있는 저장소trust store에 위에서 생성된 CA를 추가하기 위해 다음 명령을 실행한다.

```
keytool -keystore kafka.client.truststore.jks -alias CARoot -import
-file ca-cert
```

4. 앞에서 생성한 CA로 저장소에 있는 인증서에 서명하기 위해, 다음과 같이 키 저장소keystore에서 인증서를 내보낸다. :

```
keytool -keystore kafka.server.keystore.jks -alias localhost -
certreq -file cert-file
```

5. CA를 가지고 서명한다.

```
openssl x509 -req -CA ca-cert -CAkey ca-key -in cert-file -out
cert-signed -days {validity} -CAcreateserial -passin pass:{ca-
password}
```

6. CA의 인증서와 서명된 인증서를 키 저장소로 가져온다.

```
keytool -keystore kafka.server.keystore.jks -alias CARoot -import -
file ca-cert
keytool -keystore kafka.server.keystore.jks -alias localhost -
import -file cert-signed
```

7. 브로커의 설정을 위해 다음과 같은 SSL 설정이 필요하다.

```
ssl.keystore.location=/var/private/ssl/kafka.server.keystore.jks
ssl.keystore.password=your_keystore_password
```

```
ssl.key.password=your_key_password
ssl.truststore.location=/var/private/ssl/kafka.server.truststore.jks
ssl.truststore.password=your_truststore_password
```

8. 브로커 간에도 SSL 통신을 하도록 브로커 속성 파일을 다음과 같이 수정한다.

```
security.inter.broker.protocol = SSL
```

9. 브로커에 의한 클라이언트 인증이 필요 없다면, 다음과 같이 설정한다.

```
security.protocol=SSL
ssl.truststore.location=/var/private/ssl/kafka.client.truststore.jks
ssl.truststore.password=your_truststore_password
ssl.keystore.location=/var/private/ssl/kafka.client.keystore.jks
ssl.keystore.password=your_keystore_password
ssl.key.password=your_key_password
```

10. 마지막으로 SSL 로그를 활성화하기 위해서 bin/kafka-run-class.sh 파일에 다음 내용을 추가한다.

```
-Djavax.net.debug=all
```

다음의 내용을 그 다음 섹션에 추가한다.

```
if [ -z "$KAFKA_JMX_OPTS" ]; then
KAFKA_JMX_OPTS="add here" -Dcom.sun.management.jmxremote -
Dcom.sun.management.jmxremote.authenticate=false -
Dcom.sun.management.jmxremote.ssl=false "
fi
```

참고자료

- SSL 인증에 대한 공식 문서를 https://docs.confluent.io/current/kafka/ssl.html 링크에서 참고할 수 있다.

▌ SASL/커버러스를 사용하는 인증 구현

현재 지원되는 구현 방식은 **제너릭 시큐리티 서비스 API**^{GSSAPI, Generic Security Services API}, 커버러스^{Kerberos}와 플레인^{PLAIN} 방식이다.

구현방법

브로커에서 SASL 인증을 구현하기 위한 과정은 다음과 같다.

1. 브로커에서 사용할 한 가지 이상의 방식(GSSAPI, PLAIN)을 선택한다.
2. JVM 파라미터로 각각의 카프카 브로커에 JAAS 설정 파일 위치를 추가한다.

```
-Djava.security.auth.login.config=/etc/kafka/kafka_server_jaas.conf
```

3. SASL_PLAINTEXT, 또는 SASL_SSL 항목을 리스너^{listener}로 추가해 server. properties 파일에서 SASL 포트를 구성하고, 선택적으로 한 개 이상의 advertised. listeners 속성을 쉼표로 구분되는 값으로 추가한다.

```
listeners=SASL_PLAINTEXT://host.name:port
advertised.listeners=SASL_PLAINTEXT://host.name:port
security.inter.broker.protocol=SASL_PLAINTEXT (or SASL_SSL)
```

4. 한 개 이상의 SASL 방식을 server.properties에서 활성화하고, SASL을 브로커 간의 통신에 사용하고자 한다면, 다음과 같이 SASL 방식을 구성한다.

```
sasl.enabled.mechanisms=GSSAPI,PLAIN
sasl.mechanism.inter.broker.protocol=GSSAPI (or PLAIN)
```

클라이언트 상에서 SASL 인증을 구성하는 방법은 다음과 같다.

1. 인증 방식으로 SASL을 선택하고 GSSAPI(커버러스) 또는 PLAIN 같이 선택한 방식에 대해 JAAS 설정 파일을 추가한다.

2. 각각의 클라이언트 JVM에 대해서 JVM 파라미터로 JAAS 설정 파일 위치를 추가한다.

```
-Djava.security.auth.login.config=/etc/kafka/kafka_client_jaas.conf
```

3. 다음 속성을 producer.properties 또는 consumer.properties 항목에 추가한다.

```
security.protocol=SASL_PLAINTEXT (or SASL_SSL)
sasl.mechanism=GSSAPI (or PLAIN)
```

참고자료

- SASL 인증에 대한 공식 문서 자료는 https://docs.confluent.io/current/kafka/sasl.html 링크를 참고할 수 있다.

10

써드파티 도구와의 통합

10장에서 다루는 주제는 다음과 같다.

- 플룸을 사용한 노드 간 데이터 이동
- 고블린으로 HDFS 클러스터에 기록하기
- 로그스태시로 카프카에서 일래스틱으로 데이터 이동하기
- 스파크 스트림과 카프카 연결하기
- 스톰으로 카프카에서 데이터 가져오기
- 카프카 데이터를 일래스틱으로 푸시하기
- 카프카에서 Solr 클라우드로 데이터 추가하기
- 아카로 카프카 프로듀서 제작하기
- 아카로 카프카 컨슈머 제작하기

- 카산드라에 데이터 저장하기
- 미소스에서 카프카 실행하기
- 아파치 빔으로 카프카 읽기
- 아파치 빔으로 카프카에 쓰기

▌ 소개

통합이라는 주제와 함께 10장에서는 실시간 데이터 처리 도구와 그 도구로 어떻게 데이터 처리 파이프라인을 만들 수 있는지 다룬다. 하둡^{Hadoop}, 플룸^{Flume}, 고블린^{Gobblin}, 일래스틱^{Elastic}, 스파크^{Spark}, 스톰^{Storm}, 솔라^{Solr}, 아카^{Akka}, 카산드라^{Cassandra}, 미소스^{Mesos}, 빔^{Beam} 같은 도구는 카프카에서 데이터를 읽고 쓸 수 있다. 최근에는 스파크, 미소스, 아카, 카산드라와의 통합이 빠른 데이터 처리를 위해 참고할 만한 사례로 변화하고 있다.

▌ 플룸을 사용한 노드 간 데이터 이동

아파치 플룸은 신뢰할 수 있고, 고가용성을 지원하며, 대용량의 데이터 로그를 스토리지 솔루션에 모으거나 이전하기 위한 분산 서비스다. 데이터 저장소는 HDFS, 카프카, 하이브^{Hive} 같이 플룸이 지원하는 다양한 대상이 될 수 있다.

아파치 플룸은 또한 카프카 노드 간에 데이터를 이동하는 방법을 제공한다. 이번 레시피에서 방법을 설명한다.

준비사항

이 레시피는 두 개의 다른 브로커가 실행 중이고, 하나는 데이터를 게시(source-topic)하며, 다른 하나는 데이터를 수신(target-topic)한다.

아파치 플룸의 설치도 필요하다. 이에 대해서는 https://flume.apache.org/download.html 페이지 안내를 참고한다.

구현방법

1. 다음의 내용을 사용해서 플룸 설정을 포함하는 flume.conf 파일을 conf 폴더에 생성한다.

```
flume1.sources = kafka-source-1
flume1.channels = mem-channel-1
flume1.sinks = kafka-sink-1

flume1.sources.kafka-source-1.type=org.apache.flume.source.kafka.KafkaSource
flume1.sources.kafka-source-1.zookeeperConnect = localhost:2181
flume1.sources.kafka-source-1.topic = source-topic
flume1.sources.kafka-source-1.batchSize = 100
flume1.sources.kafka-source-1.channels = mem-channel-1

flume1.channels.mem-channel-1.type = memory

flume1.sinks.kafka-sink-1.type = org.apache.flume.sink.kafka.KafkaSink
flume1.sinks.kafka-sink-1.brokerList = localhost:9092
flume1.sinks.kafka-sink-1.topic = target-topic
flume1.sinks.kafka-sink-1.batchSize = 50
flume1.sinks.kafka-sink-1.channel = mem-channel-1
```

2. 위의 설정파일로 source-topic에서 데이터를 사용하고, target-topic에 데이터를 푸시하는 플룸 에이전트를 다음 명령으로 시작한다(플룸의 bin 폴더가 PATH 환경 변수에 등록돼 있어야 한다).

```
$ flume-ng agent --conf-file flume.conf --name flume1
```

동작원리

위 내용을 보면 플룸은 세 가지 요소가 있다. 데이터가 추출되는 소스(여기서는 source-1), 플룸에 데이터를 저장(sink-1), 소스에서 저장소로 데이터를 전달하는 채널이다.

우선 flume1을 플룸 인스턴스로 선언한다. 처음 세 줄은 소스(source-1), 채널(channel-1), 저장소(sink-1)을 선언한다.

다음의 다섯 가지 항목은 소스의 설정을 선언하는 것이다.

- org.apache.flume.source.kafka.KafkaSource: 소스 타입이다.
- zookeeperConnect: 주키퍼 연결 문자열이며, host:port 형식으로 쉼표로 구분해서 지정할 수 있다.
- topic: 읽어올 소스를 지정한다. 플룸은 기록할 때 소스 당 오직 한 개의 카프카 토픽을 지원한다.
- batchSize: 카프카에서 메시지를 가져와서 채널에 기록할 최대 메시지 수다. 기본값은 1000이다. 이 값은 한 번 가져올 때 채널이 처리할 수 있는 데이터양에 따라 결정된다.
- batchDurationMillis: 시스템이 배치batch를 채널에 기록하기 전에 시스템이 대기할 최대 시간을 밀리초 단위로 지정한다. batchSize가 이 시간이 되기 전에 초과되면, 배치는 해당 채널로 전송된다. 기본값은 1000이다.

다음은 소스와 저장소 사이에 채널을 정의한다. 이번 예는 메모리가 데이터를 보관하는 데 사용되므로, 메모리 채널이다. 다음과 같이 채널을 설정할 수 있다.

- type: 메모리 채널의 사용을 설정하기 위해 memory로 설정한다. 사용 가능한 채널 유형은 메모리, JDBC 파일, 카프카 채널(버퍼링 없는) 등이 가능하다.
- capacity: 메모리에 보관이 가능한 최대 메시지 수다. 메모리 용량과 메시지 크기를 고려해서 설정한다. 기본값은 100이다.
- transactionCapacity: 소스에서 가져오거나 저장소에 하나의 트랜잭션transaction 으로 처리할 최대 메시지 수다.

다음의 다섯 가지 항목은 저장소 설정이다.

- org.apache.flume.sink.kafka.KafkaSink: 저장소 유형을 지정한다.
- brokerList: 메시지를 기록할 카프카 클러스터의 브로커 목록이다. host:port 형식으로 쉼표로 구분해서 여러 개를 지정한다.
- topic: 메시지를 기록할 카프카 토픽이다.
- batchSize: 한 번에 기록할 메시지 수를 지정한다.
- channel: 데이터를 수집하기 위해 사용할 채널의 이름을 지정한다.

참고자료

- 아파치 플룸에 대한 더 자세한 정보는 https://flume.apache.org/FlumeUser Guide.html의 사용자 가이드를 참고할 수 있다.

고블린으로 HDFS 클러스터에 기록하기

고블린은 데이터의 **추출, 변환, 적재**ETL, extract, transform, and load를 위한 범용적인 프레임워크로, 파일, 데이터베이스, 하둡 같은 다양한 데이터 소스를 지원한다.

고블린은 또한 잡과 작업 스케줄링, 상태 관리, 작업 파티셔닝partitioning, 오류 처리, 데이터 품질 검사와 게시 같은 일반적인 ETL 작업을 수행한다.

고블린의 매력적인 기능에는 자동 용량scalability, 확장성, 내결함성fault tolerance, 데이터 품질 보증quality assurance, 진보된 데이터 모델 처리 능력 등이 있다.

준비사항

이번 레시피에서는 카프카 클러스터와 데이터를 기록할 HDFS 클러스터를 실행하고 있어야 한다.

고블린의 설치 또한 필요하다. 설치방법은 http://gobblin.readthedocs.io/en/latest/Getting-Started 페이지의 안내를 따른다.

구현방법

1. 카프카에서 데이터를 읽고 HDFS에 쓰기 위한 다음의 내용으로, kafkagobblin.conf 파일을 편집한다.

```
job.name=KafkaGobblinTest
job.group=kafkaGoblinGroup
job.description=Kafka Gobblin connection
job.lock.enabled=false
source.class=gobblin.source.extractor.extract.kafka.KafkaAvroSource
extract.namespace=gobblin.extract.kafka
```

```
writer.destination.type=HDFS
writer.output.format=AVRO
writer.fs.uri=file://localhost/
writer.partition.level=hourly
writer.partition.pattern=YYYY/MM/dd/HH
writer.builder.class=gobblin.writer.AvroTimePartitionedWriterBuilder
writer.file.path.type=tablename
writer.partition.column.name=header.time

data.publisher.type=gobblin.publisher.TimePartitionedDataPublisher

topic.whitelist=source-topic
bootstrap.with.offset=earliest

kafka.brokers=localhost:2181
mr.job.max.mappers=20

extract.limit.enabled=true
extract.limit.type=time
extract.limit.time.limit=15
extract.limit.time.limit.timeunit=minutes
```

2. 다음과 같이 고블린을 시작한다.

```
$ gobblin-standalone.sh start --workdir gobblinWorkDir --conffile
kafkagobblin.conf
```

동작원리

위의 설정 파일은 고블린이 고블린 작업을 어떻게 생성해야 할지 알려준다.

처음 세 줄은 작업에 대한 메타데이터다.

- job.name: 작업명을 지정한다.
- job.group: 작업 그룹명을 지정한다.

- `job.description`: 작업 상세를 지정한다.

다음 내용은 데이터 소스로 사용할 `source.class`의 선언이다.

- 카프카와 에이브로Avro 파일 형식을 사용할 경우 다음과 같이 설정한다.

```
gobblin.source.extractor.extract.Kafka.KafkaAvroSource
```

- 카프카를 에이브로가 아닌 형식으로 사용할 경우에는 다음과 같다.

```
gobblin.source.extractor.extract.Kafka.KafkaSimpleSources
```

소스 클래스의 형식은 몇 가지 더 있다. 고블린의 깃허브 https://github.com/apache/incubator-gobblin/tree/master/gobblin-core/src/main/java/org/apache/gobblin/source/extractor/extract에서 내용을 참고한다.

- `extract.namespace`: 추출할 데이터에 대한 네임스페이스를 지정한다. 이는 데이터를 기록할 기본 파일명의 일부다.

다음 내용은 출력기writer 속성을 지정하고 있다.

- `writer.destination.type`: 출력 대한 대상 유형을 지정한다. 여기서는 HDFS만 지원한다.
- `writer.output.format`: 출력 형식을 지정한다. 여기서는 에이브로 형식만 지원한다.
- `writer.fs.uri`: 기록할 파일 시스템의 URI를 지정한다.
- `writer.partition.level`: 출력 파티션 레벨을 지정한다. 기본값은 `daily`를 사용한다.
- `writer.partition.pattern`: 출력된 데이터 파티션의 유형을 지정한다.

- writer.builder.class: 출력기를 빌드한 클래스 이름이다.
- writer.file.path.type: 파일 경로 유형이며, 여기서는 tablename이 해당된다.
- writer.partition.column.name: 파티션의 칼럼명이다.

나머지 속성에 대한 설명은 다음과 같다.

- data.publisher.type: DataPublisher 클래스의 이름이고, 모든 과정이 완료되면, 작업 데이터를 게시한다.
- topic.whitelist: 데이터를 읽어올 토픽의 목록이다.
- bootstrap.with.offset: 카프카 데이터를 읽기 시작할 고블린의 오프셋 속성이다.
- kafka.brokers: 쉼표로 구분된 데이터를 읽어올 카프카 브로커다.
- mr.job.max.mappers: 시작할 작업수를 지정한다.
- extract.limit.emabled: 이 값이 true로 설정되면, 추출 작업의 제한을 설정한다.
- extract.limit.type: 시간, 비율, 횟수, 또는 풀^{pool} 등의 제한 유형이다.
- extract.limit.time.limit: 작업에 대한 제한을 설정한다.
- extract.limit.time.limit.timeunit: 제한을 설정하는 데 사용될 단위다.

참고자료

- 고블린에 대한 더 자세한 정보는 http://gobblin.readthedocs.io/en/latest/ 링크를 참고할 수 있다.

▌로그스태시로 카프카에서 일래스틱으로 데이터 이동하기

로그스태시Logstash는 일래스틱(http://www.elastic.co/)에서 제공하는 도구다. 로그스태시는 일래스틱서치Elasticsearch 소스에서 로그를 추출하는 과정을 단순화한다. 또한 중앙 집중형 데이터 처리를 가능하게 하고, 여러 데이터 유형에 대한 스키마와 형식을 정규화할 수 있다. 이번 레시피에서 로그스태시로 카프카에서 일래스틱으로 데이터를 푸시하는 방법을 보여준다.

준비사항

카프카 클러스터를 실행하고 있어야 한다. 일래스틱서치를 설치하려면 다음 링크의 안내를 참고한다.

> https://www.elastic.co/guide/en/elasticsearch/reference/current/_installation.html

로그스태시의 설치는 다음 페이지의 내용을 참고한다.

> https://www.elastic.co/guide/en/logstash/current/installing-logstash.html

구현방법

카프카에서 데이터를 읽어서 로그스태시로 일래스틱서치에 쓰기 위한 방법은 다음과 같다.

1. 다음의 내용을 가지고 kafkalogstash.conf 파일을 저장한다.

```
input {
  kafka {
    bootstrap_servers => "localhost:9092"
    topics => ["source-topic"]
  }
```

```
    }
output {
   elasticsearch {
      host => localhost
   }
}
```

2. 다음 명령으로 로그스태시를 시작한다.

```
$ bin/logstash -f kafkalogstash.conf
```

동작원리

위의 설정 파일은 로그스태시에 대한 입력과 출력을 정의한다. 입력은 카프카를 사용하고, 출력은 일래스틱서치다.

설정 파일의 속성은 다음과 같다.

- bootstrap_servers: 연결할 브로커를 host:port 형식으로 설정한다.
- topics: 읽어올 소스 토픽의 배열이다.
- client_id: 카프카에서 데이터를 읽을 컨슈머 식별자다. 이 값을 지정하지 않으면, 자동으로 생성한다.
- group_id: 로그스태시 카프카 컨슈머가 사용할 그룹 식별자다. 이 값을 지정하지 않으면, logstash로 지정된다.
- fetch_max_bytes: 카프카 토픽에서 단위 가져오기 요청에 대해 읽어올 최대 바이트 수다. 로그스태시가 메시지를 보관하는 데 사용할 메모리를 제어하도록 돕는다.

추가정보

로그스태시에 대한 카프카 입력 플러그인은 추가로 몇 가지 흥미로운 설정을 갖고 있다. 자세한 정보는 https://www.elastic.co/guide/en/logstash/current/plugins-inputs-kafka.html 링크를 참고한다.

참고자료

- 로그스태시를 위한 카프카 출력 플러그인도 있다. 자세한 정보는 https://www.elastic.co/guide/en/logstash/current/plugins-outputs-kafka.html 링크를 참고한다.

▌ 스파크 스트림과 카프카 연결하기

아파치 스파크는 오픈 소스 컴퓨터 프레임워크다. 스파크의 메모리 상주in-memory 처리 능력은 기존의 애플리케이션보다 100배 이상 빠르다. 또한 분산형 실시간 데이터 분석을 위해 사용할 수도 있다. 스파크는 카프카가 처리할 데이터를 읽고 쓰는 과정에서 카프카와 잘 연계돼 동작할 수 있다.

준비사항

이번 레시피에서는 카프카 클러스터를 실행하고 있어야 한다. 아파치 스파크의 설치는 https://spark.apache.org/downloads.html 페이지의 안내를 참고한다.

구현방법

스파크는 카프카가 읽을 데이터 스트림을 생성하는 간단한 유틸리티 클래스를 갖고 있다.

1. 스파크 프로젝트에서 처음 할 일은 스파크 설정과 스파크 스트리밍 컨텍스트를 생성하는 것이다.

```
SparkConf sparkConf = new SparkConf().setAppName("KafkaSparkTest");
JavaStreamingContext jssc =
    new JavaStreamingContext(sparkConf, Durations.seconds(10));
```

2. 다음으로 토픽에 대한 HashSet과 카프카 컨슈머 파라미터를 생성한다.

```
HashSet<String> topicsSet = new HashSet<String>();
topicsSet.add("source-topic");
HashMap<String, String> kafkaParams = new HashMap<String,
String>();
kafkaParams.put("metadata.broker.list", "localhost:9092");
```

3. 브로커와 토픽에 대한 카프카 스트림을 생성한다.

```
JavaPairInputDStream<String, String> messages =
KafkaUtils.createDirectStream(
    jssc,
    String.class,
    String.class,
    StringDecoder.class,
    StringDecoder.class,
    kafkaParams,
    topicsSet
);
```

4. 위의 스트림을 가지고 스파크의 데이터 처리를 시작한다.

동작원리

두 번째 줄에서 모든 처리과정을 위한 입력을 설정하는 자바 스트리밍 컨텍스트를 생성한다. 배치 간격은 10초로 설정된다.

다음 줄은 카프카 토픽에서 데이터를 읽기 위한 `HashSet`을 생성한다.

그 다음 줄은 `HashMap`을 사용하는 카프카 프로듀서의 파라미터를 설정한다. 이 맵은 `metadata.broker.list` 값을 가지며, `host:port` 형식으로 쉼표로 구분된 목록이다.

마지막으로 `KafkaUtils` 클래스로 `DStream` 입력을 생성한다.

`DStream`이 준비되면, 데이터 알고리즘을 적용할 수 있다.

추가정보

아파치 스파크 프로그래밍 가이드는 http://spark.apache.org/docs/latest/streaming-programming-guide.html 링크를 참고한다.

▌ 스톰으로 카프카에서 데이터 가져오기

아파치 스톰은 실시간 분산형 스트림 처리 시스템이다. 스톰은 실시간 데이터 처리를 쉽게 만들고, 카프카는 이러한 데이터 스트리밍의 소스 역할을 한다.

준비사항

카프카 클러스터를 실행한다. 아파치 스톰을 설치하기 위해서는 http://storm.apache.org/downloads.html 페이지의 안내를 참고한다.

구현방법

스톰은 카프카에서 스톰 토폴로지로 쉽게 데이터를 가져오기 위해서 KafkaSpout가 내장돼 있다.

1. 첫 단계는 ZkHosts 객체를 host:port 형식으로 된 주키퍼 주소를 갖고 생성하는 것이다.

```
BrokerHosts hosts = new ZkHosts("127.0.0.1:2181");
```

2. 다음으로 SpoutConfig 객체를 생성해서 KafkaSpout에 필요한 파라미터를 설정한다.

```
SpoutConfig kafkaConf = new SpoutConfig(hosts,"source-topic",
 "/brokers", "kafkaStormTest");
```

3. 이제 KafkaSpout 설정의 스키마를 선언한다.

```
kafkaConf.scheme = new SchemeAsMultiScheme(new StringScheme());
```

4. 스키마를 사용해서 KafkaSpout 객체를 생성한다.

```
KafkaSpout kafkaSpout = new KafkaSpout(kafkaConf);
```

5. KafkaSpout 객체를 가지고 토폴로지를 빌드하고 실행한다.

```
TopologyBuilder builder = new TopologyBuilder();
builder.setSpout("spout", kafkaSpout, 10);
```

6. 이제 데이터를 처리하기 위해 스톰 볼트에 연결해본다.

동작원리

1. 첫 단계는 host:port 형식의 쉼표로 구분 가능한 주키퍼 주소를 가지고 ZkHosts 객체를 생성하는 것이다.

2. SpoutConfig 객체를 초기화한다. 이 설정 객체는 ZkHosts 객체를 가지고 데이터를 가져올 카프카 토픽과 주키퍼의 루트 디렉터리(토픽과 파티션 정보가 저장된)와 고유한 식별자를 사용한다.

3. SpoutConfig 스키마를 생성한다.

4. KafkaSpout 객체를 생성한다. 스톰 토폴로지를 초기화한다.

5. 스톰 토폴로지를 빌드하기 위해 TopologyBuilder 클래스를 초기화한다.

6. setSpout 함수를 가지고 TopologyBuilder를 설정하고, spout 이름, spout 객체, 병렬처리 파라미터를 입력으로 준다.

7. 병렬처리 파라미터는 spout를 위한 스레드 수다. 이 값은 기존의 카프카 파티션 수의 배수가 되도록 설정한다(여기서는 10을 사용했다).

추가정보

스톰의 카프카 컨슈머 역할에 대한 자세한 내용은 자바 문서에 포함돼 있다.

이 책을 쓰는 시점에서 최근 문서는 http://storm.apache.org/releases/current 링크를 참고한다.

참고자료

- 스톰에 대한 자세한 정보는 http://storm.apache.org 링크를 참고할 수 있다.

카프카 데이터를 일래스틱으로 푸시하기

앞에서 언급했듯이 일래스틱서치는 분산형 풀─텍스트^{full-text} 검색엔진이다. RESTful 웹 인터페이스를 지원하며, 스키마 제약이 없는 JSON을 지원한다. 일래스틱서치는 분산형 검색을 기반으로 제작됐다. 일래스틱서치에 데이터를 푸시하는 방법은 여러 가지가 있는데, 이번 레시피에서는 카프카에서 일래스틱서치로 데이터 푸시를 지원하는 플러그인을 다룬다.

준비사항

이번 레시피에서는 실행 중인 카프카와 함께 컨플루언트 플랫폼이 필요하다. 일래스틱서치를 설치하려면 https://www.elastic.co/guide/en/elasticsearch/reference/current/_installation.html 페이지의 안내를 참고한다.

구현방법

일래스틱서치 커넥터가 필요하다. 커넥터를 실행하기 전에 다음 설정 파일이 있어야 한다.

etc/kafka-connect-elasticsearch/quickstart-elasticsearch.properties.

위 설정에서 일래스틱서치를 반드시 올바르게 구성하도록 하고, connection.url은 정확한 HTTP 주소를 지정해야 한다.

일래스틱서치 커넥트를 시작하려면 다음 명령을 사용한다.

```
$ ./bin/connect-standalone etc/schema-registry/connect-avro-
standalone.properties
etc/kafka-connect-elasticsearch/quickstart-elasticsearch.properties
```

```
$ confluent load elasticsearch-sink
{
    "name": "elasticsearch-sink",
    "config": {
        "connector.class":
"io.confluent.connect.elasticsearch.ElasticsearchSinkConnector",
        "tasks.max": "1",
        "topics": "topic-elastic-sink",
        "key.ignore": "true",
        "connection.url": "http://localhost:9200",
        "type.name": "kafka-connect",
        "name": "elasticsearch-sink"
    },
    "tasks": []
}
```

동작원리

일래스틱서치에서 가용한 데이터를 확인하려면 다음을 수행한다.

```
$ curl -XGET 'http://localhost:9200/topic-elastic-sink/_search?pretty'
{
    "took" : 2,
    "timed_out" : false,
    "_shards" : {
        "total" : 5,
        "successful" : 5,
        "failed" : 0
    },
    "hits" : {
        "total" : 1,
        "max_score" : 1.0,
        "hits" : [ {
            "_index" : "topic-elastic-sink",
            "_type" : "kafka-connect",
```

```
      "_id" : "test-elasticsearch-sink+0+0",
      "_score" : 1.0,
      "_source" : {
         "f1" : "value1"
      }
   }]
  }
}
```

참고자료

- 컨플루언트의 일래스틱서치 카프카 커넥터에 대한 내용은 다음 페이지를 참고
  할 수 있다.

  https://docs.confluent.io/current/connect/connect−elasticsearch /docs/
  elasticsearch_connector.html

▌ 카프카에서 Solr 클라우드로 데이터 추가하기

솔라Solr는 고가용성과 내결함성을 지원하며, 분산 인덱스된 컨텐츠와 다중 서버에 대한 질의어query 요청을 지원한다. 솔라에 직접 데이터를 추가하지는 않고, 플룸Flume이 필요할 수 있다.

준비사항

이번 레시피에서 카프카는 반드시 실행하고 있어야 한다.

솔라의 설치는 https://lucene.apache.org/solr/guide/6_6/installing−solr.html 페이지의 안내를 따른다.

아파치 플룸의 설치는 https://flume.apache.org/download.html 페이지의 안내를 따른다.

구현방법

1. 다음 내용으로 flume.conf라는 이름의 플룸 설정 파일을 생성한다.

```
flume1.sources = kafka-source-1
flume1.channels = mem-channel-1
flume1.sinks = solr-sink-1

flume1.sources.kafka-
source-1.type=org.apache.flume.source.kafka.KafkaSource
flume1.sources.kafka-source-1.zookeeperConnect = localhost:2181
flume1.sources.kafka-source-1.topic = source-topic
flume1.sources.kafka-source-1.batchSize = 100
flume1.sources.kafka-source-1.channels = mem-channel-1

flume1.channels.mem-channel-1.type = memory

flume1.sinks.solr-sink-1.type=
org.apache.flume.sink.solr.morphline.MorphlineSolrSink
flume1.sinks.solr-sink-1.brokerList = localhost:9092
flume1.sinks.solr-sink-1.batchSize = 100
flume1.sinks.solr-sink-1.channel = mem-channel-1

flume1.sinks.solr-sink-1.batchDurationMillis = 1000
flume1.sinks.solr-sink-1.morphlineFile = /etc/flume-
ng/conf/morphline.conf
flume1.sinks.solr-sink-1.morphlineId = morphline1
```

2. 위에서 생성한 설정으로 플룸을 실행한다.

```
$ flume-ng agent --conf-file flume.conf --name flume1
```

동작원리

카프카 설정은 10장의 첫 레시피에서 다룬 레시피와 거의 같다.

솔라 저장소는 다음과 같은 특징을 갖고 있다.

- type: org.apache.flume.sink.solr.morphline.MorphlineSolrSink로 정의되는 솔라 유형이다.
- batchSize: 한 번의 가져오기에서 처리될 메시지 수를 지정한다.
- batchDurationMillis: 배치 크기의 메시지 수가 지정돼 있으면, 이 값은 모든 메시지가 처리될 때까지 기다리는 시간을 밀리초 단위로 지정한다.
- morphlineFile: morphline 설정 파일 경로를 지정한다.
- morphlineId: 설정 파일이 여러 개일 경우, morphline 설정 파일의 식별자다.

참고자료

- 아파치 플룸에 대한 더 자세한 정보는 https://flume.apache.org/FlumeUser Guide.html의 플룸 사용자 가이드를 참고할 수 있다.

▌ 아카로 카프카 프로듀서 제작하기

아카Akka의 정의는 무료 공개 소스 도구이면서, JVM 기반의 병렬과 분산 애플리케이션 제작을 단순화하는 런타임이다. 이러한 두 개의 프로젝트 연결하는 거대한 인프라도 있다.

이번 레시피는 아카로 카프카 프로듀서를 제작한다.

준비사항

아카 커넥터는 다음과 같이 메이븐이 지원하는 Maven Central for Scala 2.11에서 사용 가능하다.

```
libraryDependencies += "com.typesafe.akka" %% "akka-stream-kafka" % "0.11-M4"
```

구현방법

프로듀서는 카프카 토픽으로 메시지를 게시한다. 메시지 자체는 게시할 토픽과 파티션에 대한 정보를 포함한다. 동일한 프로듀서로 여러 토픽에 게시할 수 있다. 기본적으로 위와 같은 동작은 카프카 프로듀서로 구현한다.

프로듀서 스트림을 생성하려면, 다음의 항목을 정의하는 ProducerSettings를 지정한다.

- 카프카 클러스터 부트스트랩 서버
- 키와 값에 대한 시리얼라이저Serializers
- 조정할 파라미터

ProducerSettings에 대해 필요한 import 항목은 다음과 같다.

```
import akka.kafka._
import akka.kafka.scaladsl._
import org.apache.kafka.common.serialization.StringSerializer
import org.apache.kafka.common.serialization.ByteArraySerializer
```

ProducerSettings를 선언하고 정의한다.

```
val producerSettings = ProducerSettings(system, new ByteArraySerializer,
new StringSerializer).withBootstrapServers("localhost:9092")
```

메시지를 게시하는 가장 쉬운 방법은 Producer.plainSink를 사용하는 것이다. 여기서 sink는 ProducerRecord 항목을 사용하며, 이 항목에는 메시지를 보낼 토픽과 함께, 선택적으로 파티션 번호, 키와 값을 포함한다.

동작원리

예를 들어 10,000개의 메시지를 생성하려면 다음과 같이 수행한다.

```
Source(1 to 10000)
  .map(_.toString)
  .map(elem => new ProducerRecord[Array[Byte], String]("sink-topic", elem))
  .to(Producer.plainSink(producerSettings))
```

추가정보

위와 동일하게 10,000개의 메시지를 생성하지만, flow를 사용해서 수행하는 경우는 다음과 같다.

```
Source(1 to 10000).map(elem => ProducerMessage.Message(new
ProducerRecord[Array[Byte], String]("sink-topic", elem.toString), elem))
  .via(Producer.flow(producerSettings))
  .map { result =>
    val record = result.message.record
    println(s"${record.topic}/${record.partition} ${result.offset}:
${record.value} (${result.message.passThrough}")
    result
  }
```

▌ 아카로 카프카 컨슈머 제작하기

이번 레시피는 아카^{Akka}로 컨슈머를 제작한다.

준비사항

아카 커넥터는 다음과 같이 메이븐이 지원하는 Maven Central for Scala 2.11에서 사용
가능하다.

```
libraryDependencies += "com.typesafe.akka" %% "akka-stream-kafka" % "0.11-M4"
```

구현방법

컨슈머 스트림을 생성할 때는 다음의 항목을 정의하는 ProducerSettings를 지정한다.

- 카프카 클러스터 부트스트랩 서버
- 키와 값에 대한 시리얼라이저
- 조정할 파라미터

ConsumerSettings에 필요한 import 항목은 다음과 같다.

```
import akka.kafka._
import akka.kafka.scaladsl._
import org.apache.kafka.common.serialization.StringDeserializer
import org.apache.kafka.common.serialization.ByteArrayDeserializer
import org.apache.kafka.clients.consumer.ConsumerConfig
```

ConsumerSettings를 선언하고 정의한다.

```scala
val consumerSettings = ConsumerSettings(system, new ByteArrayDeserializer,
new StringDeserializer)
  .withBootstrapServers("localhost:9092")
  .withGroupId("group1")
  .withProperty(ConsumerConfig.AUTO_OFFSET_RESET_CONFIG, "earliest")
```

다음 예제는 메시지를 사용하고, 오프셋을 포함한 결과를 저장한다.

```scala
db.loadOffset().foreach {
  fromOffset => val subscription =
    Subscriptions.assignmentWithOffset(
      new TopicPartition("source-topic", 1) -> fromOffset)
    Consumer.plainSource(consumerSettings, subscription)
    .mapAsync(1)(db.save)
}
```

다음 예제는 최대 1회^{at-most-once} 방식으로 메시지를 사용한다.

```scala
Consumer.atMostOnceSource(consumerSettings.withClientId("client-1"),
Subscriptions.topics("source-topic"))
  .mapAsync(1) { record =>
    rocket.launch(record.value)
}
```

다음 예제는 최소 1회^{at-least-once} 방식으로 메시지를 사용한다.

```scala
Consumer.committableSource(consumerSettings.withClientId("client-1"),
Subscriptions.topics("source-topic"))
  .mapAsync(1) {
    msg => db.update(msg.value).flatMap(_ =>
      msg.committableOffset.commitScaladsl())
}
```

다음 예제는 앞의 레시피의 프로듀서를 컨슈머에 연결한다.

```
Consumer.committableSource(consumerSettings.withClientId("client-1"))
    .map(msg => ProducerMessage.Message(
        new ProducerRecord[Array[Byte], String]("source-topic", msg.value),
            msg.committableOffset))
    .to(Producer.commitableSink(producerSettings))
```

다음 예제는 최소 1회at-least-once 방식으로 메시지를 사용하고 배치batch로 커밋한다.

```
Consumer.committableSource(consumerSettings.withClientId("client-1"),
Subscriptions.topics("source-topic"))
    .mapAsync(1) { msg =>
        db.update(msg.value).map(_ => msg.committableOffset)
    }
    .batch(max = 10, first =>
        CommittableOffsetBatch.empty.updated(first)) { (batch, elem) =>
            batch.updated(elem)
    }.mapAsync(1)(_.commitScaladsl())
```

카프카 컨슈머 아카 액터actor를 만드는 방법이다.

```
val consumer:
    ActorRef = system.actorOf(KafkaConsumerActor.props(consumerSettings))
```

다음 예제는 컨슈머에 수동으로 두 개의 토픽 파티션을 할당한다.

```
val streamP1 = Consumer
    .plainExternalSource[Array[Byte], String](consumer,
Subscriptions.assignment(new TopicPartition("source-topic", 1)))
    .via(business)
    .to(Sink.ignore)
```

```
val streamP2 = Consumer
    .plainExternalSource[Array[Byte], String](consumer,
Subscriptions.assignment(new TopicPartition("source-topic", 2)))
    .via(business)
    .to(Sink.ignore)
```

다음 예제는 컨슈머 그룹을 사용한다.

```
val consumerGroup = Consumer.committablePartitionedSource(
    consumerSettings.withClientId("client-1"),
    Subscriptions.topics("source-topic"))
    consumerGroup.map {
        case (topicPartition, source) =>
            source
                .via(business)
                .toMat(Sink.ignore)(Keep.both)
                .run()
    }.mapAsyncUnordered(maxPartitions)(_._2)
```

▌ 카산드라에 데이터 저장하기

아파치 카산드라Cassandra의 정의에 의하면 카산드라는 무료 오픈 소스로, 많은 상용 서버에 걸쳐 대용량의 데이터를 처리하기 위해 설계된 분산형 NoSQL 데이터베이스 관리 시스템이다. 또한 단일 실패 지점single point of failure 없이 고가용성을 지원한다. 이번 레시피는 카프카와 카산드라를 연결하는 방법을 보여준다.

준비사항

이번 레시피는 Tuplejump에서 제공한 Maven Central에 게시된 카프카-카산드라 커넥터를 사용한다.

빌드 파일에서는 의존성에 추가하는 형태로 정의될 수 있다.

SBT의 경우:

```
libraryDependencies += "com.tuplejump" %% "kafka-connect-cassandra" %
"0.0.7"
```

구현방법

카산드라에서 데이터를 가져오는 방식은 두 가지가 있다.

- 벌크
- 타임스탬프 기반

위의 두 가지 모드는 질의어에 따라 자동으로 변한다.

벌크의 경우:

```
SELECT * FROM userlog;
```

타임스탬프 기반일 경우:

```
SELECT * FROM userlog WHERE ts > previousTime();
SELECT * FROM userlog WHERE ts = currentTime();
SELECT * FROM userlog WHERE ts >= previousTime() AND ts <= currentTime() ;
```

동작원리

카산드라 싱크sink는 카산드라 테이블의 카프카 싱크를 저장한다. 기록하는 시점에는 STRUCT 타입만 싱크 레코드에서 지원한다. STRUCT는 기본형primitive field type을 사용하는 여러 항목을 가질 수 있다. 카산드라 싱크 테이블과 필드명이 컬럼명과 1대1로 연결된다고 가정해보자.

싱크 레코드는 STRUCT 값을 갖는다.

```
{ 'id': 1,
   'username': 'Edward',
   'text': 'This is my first message'
}
```

라이브러리는 카산드라 테이블을 생성하지 않고, 사용자가 반드시 싱크를 시작하기 전에 생성해야한다.

▋ 미소스에서 카프카 실행하기

아파치 미소스Mesos의 정의에 의하면, 미소스는 컴퓨터 클러스터를 관리하기 위한 오픈 소스 프로젝트다. 이번 레시피에서는 미소스 프레임워크 상에서 카프카를 어떻게 실행하는지 보여준다.

준비사항

컴퓨터에서 다음 애플리케이션을 실행할 수 있어야 한다.

- 자바 버전 7 이상(http://openjdk.java.net/install/)
- 그레이들Gradle(http://gradle.org/installation)

구현방법

1. 미소스 프로젝트 저장소에서 카프카를 다운로드하려면 다음 명령을 실행한다.

```
$ git clone https://github.com/mesos/kafka
$ cd kafka
$ ./gradlew jar
```

2. 다음 명령은 카프카 실행기를 다운로드한다.

```
$ wget
https://archive.apache.org/dist/kafka/0.11.0.0/kafka_2.11-0.11.0.0.
tgz
```

3. libmesos.so 파일을 가리키는 환경변수를 설정한다.

```
$ export MESOS_NATIVE_JAVA_LIBRARY=/usr/local/lib/libmesos.so
```

4. 미소스에서 카프카를 시작하고 구성하기 위해서 kafka-mesos.sh 스크립트를 실행한다. 하지만 다음 설정을 포함하는 kafka-mesos.properties 파일부터 먼저 생성한다.

```
storage=file:kafka-mesos.json
master=zk://master:2181/mesos
zk=master:2181
api=http://master:7000
```

이러한 속성은 kafka-mesos.sh를 구성하는 데 사용되므로, 스케줄러에 인수를 계속 넘겨줄 필요는 없다. 스케줄러는 다음과 같은 명령줄 인수를 지원한다.

* --api: http://master:7000 같은 형태의 API URL이다.

- --bind-address: 스케줄러를 바인딩하는 주소다. 예를 들면 master, 0.0.0.0, 192.168.50.*, if:eth1과 같다. 기본값은 all이다.

- --debug <Boolean>: 디버그 모드를 의미한다. 기본값은 false다.

- --framework-name: 프레임워크 이름이다. 기본값은 kafka다.

- --framework-role: 프레임워크 역할이다. 기본값은 *이다.

- --framework-timeout: 프레임워크 시간초과 설정이다. 30초, 1분 또는 1시간 등이 될 수 있으며 기본값은 30d다.

- --jre: JRE ZIP 파일(jre-7-openjdk.zip)이다. 기본값은 none이다.

- --log: 사용할 로그파일이다. 기본값은 stdout이다.

- --master: 마스터 연결 문자열이다. 예를 들면 다음과 같다.

```
master:5050
master:5050,master2:5050
zk://master:2181/mesos
zk://master:2181,master2:2181/mesos
zk://username:password@master:2181
```

- --principal: 프레임워크를 등록한 사용자명이다. 기본값은 none이다.

- --secret: 프레임워크를 등록한 암호다. 기본값은 none이다.

- --storage: 클러스터 상태값을 위한 저장소다. 기본값은 file:kafka-mesos.json이다. 몇 가지 예를 들면 다음과 같다.

```
file:kafka-mesos.json
zk:/kafka-mesos
```

- --user: 작업을 실행할 미소스 사용자다. 기본값은 none이다.

- --zk: 카프카 주키퍼 연결이다. 예를 들면 다음과 같다.

```
master:2181
master:2181,master2:2181
```

동작원리

카프카 스케줄러를 시작하려면 다음의 명령을 실행한다.

```
$ ./kafka-mesos.sh scheduler
```

카프카 브로커를 기본값 설정으로 실행하려면 다음의 명령을 실행한다.

```
$ ./kafka-mesos.sh broker add 0
```

클러스터의 브로커를 확인하려면 다음 명령을 실행한다.

```
$ ./kafka-mesos.sh broker list
```

브로커를 시작하려면 다음 명령을 실행한다.

```
$ ./kafka-mesos.sh broker start 0
```

이와 같은 설치를 테스트하려면 kafkacat 명령을 사용한다. kafkacat을 설치하기 위해 다음 명령을 실행한다.

```
$ sudo apt-get install kafkacat
$ echo "test" | kafkacat -P -b "10.213.128.5:31000" -t source-topic -p 0
```

브로커에 푸시된 메시지를 kafkacat으로 읽으려면 다음 명령을 사용한다.

```
$ kafkacat -C -b "10.213.128.5:31000" -t source-topic -p 0 -e test
```

클러스터에 브로커를 추가하기 위해서는 다음 명령 하나만 실행하면 된다.

```
$ ./kafka-mesos.sh broker add 0..2 --heap 1024 --mem 2048
```

추가된 세 개의 브로커를 시작하려면 다음 명령을 실행한다.

```
$ ./kafka-mesos.sh broker start 0..2
```

브로커 한 개를 중지하려면 다음 명령을 실행한다.

```
$ ./kafka-mesos.sh broker stop 0
```

중지된 브로커의 카프카 로그 위치를 변경하려면 다음 명령을 사용한다.

```
$ ./kafka-mesos.sh broker update 0 --options log.dirs=/mnt/kafka/broker0
```

추가정보

로그(stdout, default, stderr)에서 최근 100줄을 가져오려면 다음 명령을 실행한다.

```
$ ./kafka-mesos.sh broker log 0
```

stderr 파일을 읽기 위해서는 다음 명령을 실행한다.

```
$ ./kafka-mesos.sh broker log 0 --name stderr
```

*/log/directory 폴더의 파일을 읽는 경우, 예를 들어 server-1.log 파일이면 다음 명령을 사용한다.

```
$ ./kafka-mesos.sh broker log 0 --name server-1.log
```

행의 번호를 읽으려면 --lines 옵션을 사용한다.

```
$ ./kafka-mesos.sh broker log 0 --name server.log --lines 200
```

▌ 아파치 빔으로 카프카 읽기

아파치 빔Beam의 정의에 의하면, 빔은 데이터 처리 파이프라인을 정의하고 실행하는 오픈 소스 통합 프로그램 모델이며, ETL, 배치, 스트림 처리를 포함한다. 이번 레시피는 아파치 빔으로 카프카를 읽는 방법을 보여준다.

준비사항

아파치 빔을 설치하려면 https://beam.apache.org/get-started/quickstart-py/ 링크의 안내를 참고한다.

구현방법

다음 코드는 카프카에서 읽어오기 위해 빔 파이프라인을 어떻게 작성하는지 보여준다. 이 예제는 빔 소스를 구성하기 위한 다양한 옵션을 나타낸다.

```
pipeline
  .apply(KafkaIO.read()
        .withBootstrapServers("broker_1:9092,broker_2:9092")
        .withTopics(ImmutableList.of("topic_1", "topic_2"))

        .withKeyCoder(BigEndianLongCoder.of())
        .withValueCoder(StringUtf8Coder.of())
        .updateConsumerProperties(
          ImmutableMap.of("receive.buffer.bytes", 1024 * 1024))

      .withTimestampFn(new CustomTypestampFunction())
      .withWatermarkFn(new CustomWatermarkFunction())
      .withoutMetadata()
  )
  .apply(Values.<String>create())
```

동작원리

KafkaIO는 PCollection<KafkaRecord<K, V>>처럼 제한이 없는 카프카 레코드의 컬렉션 형태로 반환한다. 카프카 레코드는 토픽, 파티션, 오프셋 같은 기본 메타데이터를 키와 값으로 연결해서 갖고 있다.

대부분의 애플리케이션은 단일 토픽을 사용한다. 소스는 여러 토픽이나 특정 토픽 파티션의 세트를 사용하도록 구성될 수 있다.

카프카 소스를 구성하려면 카프카 부트스트랩 서버와 한 개 이상의 사용consume할 토픽을 지정한다.

추가정보

- 아파치 빔에 대한 공식 문서는 https://beam.apache.org/documentation/ sdks/javadoc/0.4.0/org/apache/beam/sdk/io/kafka/ 페이지에서 참고할 수 있다.

▌ 아파치 빔으로 카프카에 쓰기

이번 레시피는 아파치 빔으로 카프카에 쓰는 방법을 보여준다.

준비사항

아파치 빔을 설치하려면 https://beam.apache.org/get-started/quickstart-py/ 링크의 안내를 참고한다.

구현방법

다음의 코드는 카프카에 기록하는 빔 파이프라인을 작성하는 방법을 보여준다. 이 예제는 빔 싱크sink를 구성하는 다양한 옵션을 보여준다.

```
PCollection<KV<Long, String>> kvColl = ...;
kvColl.apply(KafkaIO.write()
    .withBootstrapServers("broker_1:9092, broker_2:9092")
    .withTopic("destination-topic")

    .withKeyCoder(BigEndianLongCoder.of())
    .withValueCoder(StringUtf8Coder.of())

    .updateProducerProperties(
```

```
        ImmutableMap.of("compression.type", "gzip"))
   );
```

동작원리

KafkaIO 싱크는 카프카 토픽에 키와 값의 쌍pair을 기록하도록 지원한다. 카프카 싱크를 구성하려면, 카프카 부트스트랩 서버와 기록할 토픽을 지정한다.

KafkaIO는 소스에 대한 컨슈머 설정이나, 싱크에 대한 프로듀서 설정에서 대부분의 속성을 설정할 수 있도록 지원한다. 예를 들면 오프셋 자동 커밋(외부 시스템 모니터링)을 원할 경우, group.id, enable.autocommit 등을 설정하면 된다.

추가정보

카프카에 키는 사용하지 않고 값만 기록하고자 한다면, empty(null)키로 기본값을 사용하는 레코드를 쓰는 values( )를 사용한다.

```
PCollection<String> strings = ...;
strings.apply(KafkaIO.write()
    .withBootstrapServers("broker_1:9092, broker_2:9092")
    .withTopic("results")
    .withValueCoder(StringUtf8Coder.of())
    .values()
  );
```

참고자료

- 아파치 빔 프로젝트에 대해 살펴보려면 https://beam.apache.org/ 사이트를 방문한다.

찾아보기

에이콘출판의 기틀을 마련하신 故 정완재 선생님 (1935-2004)

아파치 카프카 쿡북

레시피로 살펴보는 기업용 분산 메시징 시스템의 실시간 데이터 처리 활용법

발 행 | 2018년 7월 31일

지은이 | 라울 에스트라다
옮긴이 | 최   준

펴낸이 | 권 성 준
편집장 | 황 영 주
편 집 | 양 아 영
         배 혜 진
디자인 | 박 주 란

에이콘출판주식회사
서울특별시 양천구 국회대로 287 (목동)
전화 02-2653-7600, 팩스 02-2653-0433
www.acornpub.co.kr / editor@acornpub.co.kr

한국어판 ⓒ 에이콘출판주식회사, 2018, Printed in Korea.
ISBN 979-11-6175-185-6
ISBN 978-89-6077-210-6 (세트)
http://www.acornpub.co.kr/book/kafka-cookbook

이 도서의 국립중앙도서관 출판시도서목록(CIP)은 서지정보유통지원시스템 홈페이지(http://seoji.nl.go.kr)와
국가자료공동목록시스템(http://www.nl.go.kr/kolisnet)에서 이용하실 수 있습니다.(CIP제어번호: CIP2018023246)

책값은 뒤표지에 있습니다.